AF879558

DESPIERTA DEL ENGAÑO: ROMPE CON EL SISTEMA Y RECUPERA TU LIBERTAD

Un viaje de disidencia consciente y soberanía personal para quien ya no cree en lo que le cuentan

Roger Casanova Trias

Copyright © 2025
All rights reserved

© Roger Casanova Trias, 2025

© Despierta del engaño: rompe con el Sistema y recupera tu Libertad, 2025

© LIOC Editorial, 2025

ISBN: 978-1-967167-22-7

Asesoramiento y Metodología sobre la creación del Libro: Lioc Editorial

Reservados todos los derechos. No se permite la reproducción total o parcial de esta obra (incluido el diseño de la cubierta), ni su incorporación a un sistema informático, ni su transmisión en cualquier forma o por cualquier medio (electrónico, mecánico, fotocopia, grabación, digital u otros) sin autorización previa y por escrito de los titulares del copyright. La infracción de dichos derechos puede constituir un delito contra la propiedad intelectual.

Renuncia de responsabilidad: La información presentada en este libro tiene propósitos informativos y no reemplaza el asesoramiento profesional. Aunque se han hecho esfuerzos para garantizar su precisión, el autor no asume responsabilidad por el uso o interpretación de la información. Se recomienda buscar asesoramiento calificado y ejercer el juicio propio al aplicar cualquier consejo o estrategia mencionada. El lector acepta que el autor no será responsable por cualquier pérdida o daño derivado del uso de este libro.

Hay algo que quiero compartir contigo...

Haz clic en el enlace o utiliza tu móvil para acceder a través del QR:

https://esc.anea.me/rc_bienvenida

Puedes descargar el Audiolibro leído por el autor, en la última página.

Totalmente gratis

AGRADECIMIENTOS

A mis padres, por darme la vida, por amarme sin condiciones y apoyarme siempre.

A Clàudia, por ser mi compañera de viaje y creer siempre en mí, incluso cuando nadie lo hacía. Y por impulsarme a ser mejor.

A mi Yo del pasado, por su valentía al emprender un camino desconocido y su fe para seguir adelante a pesar de la incertidumbre.

Gracias a todas las personas que han difundido los conocimientos que expreso aquí y por haber mantenido viva la llama de la sabiduría.

SOBRE EL AUTOR

Desde los 12 años, Roger Casanova supo que no encajaba. Señalado como la oveja negra, comenzó a hacerse preguntas que los adultos evitaban: ¿quiénes somos?, ¿De dónde venimos?, ¿Quién decide lo que creemos?, ¿Y por qué todo parece diseñado para que no pensemos por nosotros mismos?

En plena adolescencia, y ya inmerso en los primeros años de Internet, encontró en la red un refugio y una puerta a conocimientos que no se enseñaban en clase. A los 18 años, mientras estudiaba Periodismo, sufrió una profunda crisis existencial al darse cuenta de que estaba siguiendo el mismo camino que tantos otros: uno que lo llevaría a ser un engranaje más del sistema. Esa noche oscura del alma fue el comienzo de un proceso de reeducación personal: una transformación que lo llevó a cuestionar, desaprender y reconstruirse desde la soberanía interior.

Durante los años siguientes, Roger trabajó en su libertad externa e interna: desarrolló confianza en sí mismo, aprendió a gestionar sus emociones, cultivó relaciones conscientes y logró generar ingresos con libertad geográfica. Hoy, con 28 años, publica su primer libro como un acto de servicio, con una intención clara: empoderar a los individuos y desafiar el dominio de las élites. Escribe con la voz de quien ha vivido el camino, no desde el púlpito académico, sino desde la experiencia, la reflexión profunda y la rebeldía consciente.

PRÓLOGO

Este es un libro que te invita a reflexionar y a cuestionarlo todo. Y eso, en una época en la que se nos enseña a memorizar y repetir sin pensar, tiene un valor enorme.

Lo que tienes en tus manos es una obra completa, con un hilo conductor que te guía hacia la liberación personal a través del pensamiento crítico y del cuestionamiento de los paradigmas establecidos. Roger no pretende darte respuestas cerradas, sino que te anima a dudar, a abrir los ojos y a considerar perspectivas que quizá nunca habías tenido en cuenta. En sus páginas encontrarás reflexiones y técnicas muy valiosas para avanzar en ese camino.

Podría decirse que este libro narra una batalla: la que existe entre el bien y el mal, entre la agenda que quieren imponernos y la que corresponde de manera natural al ser humano.

Quizá no estés de acuerdo con todo lo que leas aquí —y de hecho, esa es parte de la intención del autor—, pero no hay duda de que descubrirás un enorme valor en cada capítulo. Los temas que aborda son esenciales: la soberanía individual, tanto interna como externa, la autoliberación, y el cuestionamiento profundo de tus propias creencias hasta llegar a cuestionar el sistema y todo lo que te rodea. Personalmente, ojalá hubiese encontrado un libro así hace años, porque me habría ayudado a derribar muchas de las creencias que resultaron ser falsas.

Roger comparte en estas páginas su propio viaje de crecimiento personal y de búsqueda de la verdad. Por eso no es un libro que se lea con frialdad o desapego: te sentirás acompañado a lo largo de toda la lectura, a través de ejemplos personales y mensajes que te animan a recorrer un camino que también a ti puede transformar y ayudarte.

Dentro del movimiento por la libertad, siempre cuestionamos la legitimidad del sistema establecido, pero es raro un libro como este, que combine una visión libertaria con la idea de que antes de cambiar el mundo tienes que transformarte a ti mismo. Ese es el valor añadido de esta obra. Difundir ideas que fomentan una sociedad más libre es ya una gran contribución, pero hacerlo partiendo de la transformación interior es algo que merece un reconocimiento especial.

Dudo mucho que la lectura de este libro te deje indiferente. Está escrito por y para quienes dudan, para quienes se atreven a cuestionar y para quienes buscan la verdad. Para aquellos que no tienen miedo de ser diferentes ni de ir a contracorriente.

Así que enciende la luz de tu interior y adéntrate en esta apasionante lectura.

Jorge Muñoz
Administrador de @libertad_individuo

ÍNDICE

"La verdadera revolución es la revolución interna, porque solo cuando uno cambia radicalmente en lo interno puede haber una transformación en la sociedad"

Jiddu Krishnamurti

Introducción: la educación oculta

Este no es un libro de autoayuda. Su objetivo no es que seas más feliz o que ganes más dinero.

Si estás buscando eso, lo respeto. Pero no es lo que encontrarás en estas páginas.

El objetivo de este libro es que te conviertas en un individuo sabio, libre y soberano.

Este libro es para buscadores que intuyen que están siendo engañados, manipulados y alejados de la verdad de manera sistemática.

Es para aquellos que saben que hay algo que anda mal en el mundo, pero no entienden el cómo ni el porqué.

Y sí, sobre todo es para aquellos que están dispuestos a cambiar su manera de pensar y asumen que su propia ignorancia es parte del problema.

Porque quiero dejar clara una cosa:

Este libro no está hecho para decirte lo que quieres escuchar. Está concebido para desprogramar tu mente de muchos de los engaños y manipulaciones a las que ha sido sometida.

Por eso quiero avisarte: es muy probable que este libro te incomode, te sacuda o te moleste. O incluso que te ofenda.

Cuando eso ocurra, sólo quiero que recuerdes una cosa: si algo de lo que te explique te saca de tus casillas, no te quedes con la primera reacción emocional que tengas.

Cálmate y analiza bien lo que estoy diciendo. No lo que tú crees que estoy diciendo. Solamente lo que estoy diciendo, sin añadirle tus creencias preconcebidas.

Entonces, valora si lo que estoy diciendo tiene sentido o no. Reflexiónalo. Dame un voto de confianza. Te aseguro que no he escrito este libro a la ligera.

POR QUÉ ESCRIBO ESTE LIBRO

Desde muy pequeño he sentido una curiosidad insaciable por entender el mundo.

Mientras otros niños hablaban de videojuegos, yo me sentía fascinado por las preguntas que parecían no tener respuesta: ¿Por qué sufrimos como humanidad? ¿Por qué el mundo es como es? ¿Quién decide lo que es verdad y lo que es mentira?

Ese impulso me separó, poco a poco, de mi grupo de amigos. Me convertí en un observador solitario, que buscaba refugio en los libros y en internet.

Era como si en mi interior hubiera una brújula que apuntaba siempre hacia un solo norte: la verdad.

Durante años, esa búsqueda fue casi un juego. Un pasatiempo que llenaba mis ratos libres: leía teorías conspirativas, estudiaba historia alternativa, exploraba religiones, filosofía, ciencia, psicología...

Pero lo hacía sin ninguna urgencia, como quien ve una película fascinante desde la comodidad del sofá.

Hasta que algo ocurrió. Cuando tenía 18 años murió mi abuelo. Y, de repente, todo cambió.

Por primera vez, sentí con crudeza la certeza de la muerte. Comprendí que la vida se acaba. Y que no basta con observar el mundo desde lejos.

Ese día, la búsqueda de la verdad dejó de ser un hobby y se convirtió en un deber.

Fue un golpe, sí. Pero también un despertar. Sentí que ya no podía permitirme que esa pasión por aprender quedara encerrada en mí.

Tenía que compartir. Tenía que construir. Tenía que aportar algo que pudiera ayudar a otros a liberarse del engaño en el que hemos crecido.

En medio de ese dolor, apareció algo que hasta entonces nunca había sentido: un propósito.

Se alinearon, de golpe, mi deseo personal con un deber hacia el mundo.

Y desde entonces —hace ya más de diez años— no he dejado de estudiar, de cuestionar, de poner a prueba mis ideas.

Este libro es el fruto de todo ese proceso: años de investigación, de desaprender, de mirar la realidad sin filtros, por doloroso que sea.

Y de construir una nueva comprensión que me permita no solo ser más libre yo, sino contribuir a la libertad colectiva de la humanidad.

No te voy a prometer que todo lo que leas aquí sea la verdad definitiva. No es esa mi intención. No tengo ninguna autoridad para darte certezas absolutas.

Lo que sí puedo prometerte es que cada página está escrita con honestidad, con profundo respeto por tu inteligencia, y con el único objetivo de desencadenar en ti un proceso de reflexión y desprogramación que te devuelva el poder que siempre ha sido tuyo.

Este libro es, simplemente, lo que me habría gustado que me enseñaran desde niño: las claves para pensar con autonomía, para reconocer las mentiras estructurales en las que vivimos, y para recuperar la soberanía sobre uno mismo.

No te pido que creas nada. Solo que reflexiones conmigo. Que pienses. Que sientas. Que despiertes. Y que te atrevas a mirar sin miedo.

Porque como dijo un hombre hace muchos años:

"Conoced la Verdad, y la Verdad os hará libres"

LA RAÍZ DE LA IGNORANCIA

Siento ser yo quién te lo diga: el sistema educativo no está diseñado para hacerte sabio, libre ni soberano.

Más bien todo lo contrario. La élite no quiere una población educada. Nunca la ha querido. Lo que pasa es que te han dicho que por saber leer y escribir, saber hacer operaciones matemáticas y conocer un poco de historia, ya estás educado.

Pero eso no es verdad. O es una verdad muy incompleta. Porque te pregunto:

¿Te han enseñado a pensar? ¿Te han enseñado a cuestionar? ¿Te han enseñado a ser más libre? ¿Te han enseñado cómo funciona tu psicología? ¿Te han enseñado algo que ponga en duda el *statu quo*?

Apuesto que no. Porque la educación se ha orientado para que te conviertas en una herramienta útil para el sistema, no para que seas un individuo libre.

Ante este problema, la única solución pasa por un proceso de aprendizaje a través de una educación más profunda y oculta: aquella que transmite los conocimientos que verdaderamente marcan la diferencia, al enseñarte a ser alguien sabio, libre y soberano.

Como dijo Alvin Toffler:

"Los analfabetos del siglo XXI no serán aquellos que no sepan leer ni escribir. Sino los que no sepan aprender, desaprender y reaprender"

En este libro vas a aprender una parte de lo que conforma esa educación oculta. Más en concreto, aprenderás a ser soberano.

QUÉ ES LA SOBERANÍA PERSONAL

En un mundo lleno de gurús del desarrollo personal, que nos insisten en que seamos felices y exitosos, hace falta una visión más profunda sobre uno mismo y sobre la realidad. Aquí es donde aparece la Soberanía Personal.

Pero, ¿qué significa ser soberano?

Ser soberano significa que tú eres el gobernante de ti mismo, no otras personas. Significa que eres consciente de tus deberes y derechos, y que no quieres someter a nadie ni permites que otros te sometan.

En otras palabras, ser soberano significa que tienes el conocimiento de ti mismo y del mundo que te rodea y, por tanto, que eres libre.

El soberano es un ser humano que, a través de la educación oculta, ha desarrollado dos aspectos clave:

1. La consciencia: la capacidad para *darte cuenta* de lo que ocurre, tanto en tu mundo interior como en el mundo exterior.

2. El conocimiento: la capacidad para *comprender* lo que ocurre, de conocer los mecanismos que hacen que las cosas sean como son y, por tanto, el poder para cambiarlas.

Gracias al desarrollo de estos dos aspectos, el soberano es totalmente incontrolable, ya que es dueño de sí mismo y no aceptará que otros le roben la libertad.

LOS 4 NIVELES DE SOBERANÍA PERSONAL

Para conseguir nuestro objetivo, vamos a recorrer una aventura de 4 etapas, con 3 capítulos en cada una de ellas.

El primer nivel son los *Fundamentos de la Soberanía Personal,* en el que aprenderás a ser responsable y honesto contigo mismo, elementos esenciales para empezar tu camino de soberanía.

El segundo nivel es la *Soberanía Interior.* Aquí te explicaré cómo el sistema ataca los tres centros de nuestra consciencia: pensamientos, emociones y acciones. Y cómo puedes recuperar tu dominio sobre ellos para ser libre.

El tercer nivel es la *Soberanía Espiritual.* Aquí desmontaremos las falsas religiones que nos mantienen estancados y te desvelaré el verdadero núcleo de la espiritualidad terrenal para ser más libres individual y colectivamente.

El cuarto y último nivel se llama *Fin de la esclavitud*, porque hablaremos de los principales sistemas de control que usa la élite para mantenernos esclavos desde hace milenios, deshaciendo el control mental que nos mantiene apegados a ellos.

Con todo ello, mi promesa es que, cuando termines este libro habrás pasado por un proceso de reeducación completo gracias al cuál serás un ser humano más libre, menos manipulable y verdaderamente soberano.

Así también evitarás ser unos de esos "rebeldes" que se creen antisistema y lo único que hacen es seguirle el juego a las élites que nos dominan.

EL ERROR DE LA REBELDÍA

Durante mucho tiempo, hemos entendido la rebeldía como una forma de resistencia: una reacción visceral contra lo que no nos gusta, contra lo que nos oprime o limita.

Pero esa rebeldía, que nace de la lucha y del conflicto, suele estar atrapada en el mismo nivel de consciencia que aquello contra lo que se rebela. Y desde ese lugar, no es posible generar una transformación real.

Reaccionar desde la fuerza es forzar, es imponerse, es desgastarse. Es empujar el mundo externo sin haber transformado antes el mundo interno.

El universo no funciona así.

Por el Principio de Correspondencia, todo lo que vemos a nivel externo es un reflejo de lo que hay en el interior de los seres humanos. Por tanto, la rebeldía verdadera consiste en convertirte en la solución que deseas ver en el mundo.

Como decía David R. Hawkins, la fuerza puede imponer, pero no transforma. El verdadero cambio sucede desde el poder.

Este libro no propone una rebelión basada en la confrontación directa, sino una revolución más silenciosa, profunda y peligrosa para las élites: la del conocimiento profundo y el poder personal.

Una que comienza cuando dejamos de señalar afuera y empezamos a mirar dentro.

Una que reconoce que sólo comprendiendo las causas verdaderas de los problemas y asumiendo nuestra parte de responsabilidad, podemos generar un cambio real.

Rebelarse es crucial. Pero hacerlo desde la inconsciencia es contraproducente. Aquí, te invito a una nueva forma de rebeldía: una que toma la responsabilidad.

Esto es, precisamente, de lo que va el primer capítulo del libro. Empezamos fuerte.

PARTE I

FUNDAMENTOS DE LA SOBERANÍA PERSONAL

El camino del sabio comienza con algo aparentemente simple, pero profundamente desafiante: tomar la decisión de ser libre y soberano.

Ese es el primer paso, y sin él no es posible iniciar el viaje hacia tu verdadero destino. Como dijo Lao Tse: "Un viaje de mil millas comienza con un solo paso."

¿Por qué a los seres humanos nos cuesta tanto tomar una decisión? Porque implica dejar de divagar y comprometernos con una dirección.

En esta primera parte te acompañaré a dar ese paso. Y, en el camino, comenzarás a cultivar en ti los tres pilares del Sabio Rebelde: la responsabilidad, la paz interior y la introspección.

Capítulo 1

RESPONSABILIDAD PERSONAL

"Mientras no asumas la responsabilidad de TODO, no podrás cambiar NADA".

En la noche que me envuelve,
negra, como un pozo insondable,
le doy gracias al dios que fuere,
Por mi alma inconquistable.

En las garras de las circunstancias,
no he gemido, ni he llorado.
Bajo los golpes del destino,
mi cabeza ensangrentada jamás se ha postrado.

Más allá de este lugar de ira y llantos,
acecha la oscuridad con su horror,
Y sin embargo la amenaza de los años me halla,
y me hallará sin temor.

Ya no importa cuán estrecho haya sido el camino,
ni cuántos castigos lleve mi espalda,
Soy el amo de mi destino,
Soy el capitán de mi alma.

-Invictus, de William Ernest Henley

Si no eliges conscientemente tu filosofía de vida, automáticamente adoptarás la que el sistema te proporciona por defecto y que está diseñada para servir a sus propios intereses: la filosofía del siervo.

El problema es que con esta filosofía es imposible recuperar tu poder y tu libertad. Por eso debes tomar una decisión: adoptar la perspectiva contraria, la filosofía soberana.

En este capítulo aprenderás cuáles son los condicionamientos del sistema que te convierten en un esclavo, y cuáles son los rasgos que debes interiorizar para convertirte en el soberano de tu propia vida.

¿Por qué la mayoría de las personas no empiezan su camino de sabiduría? ¿Por qué la mayoría pasamos toda nuestra vida viviendo como siervos?

Porque, desde pequeños, hemos sido sumergidos en una filosofía de vida concreta. Sin apenas darnos cuenta, hemos adoptado una forma de entendernos a nosotros mismos y nuestra relación con el mundo.

Esa forma de ver la vida es la **filosofía del siervo**.

A diferencia del sabio, el siervo carece de amor propio, de deseo profundo por gobernarse a sí mismo y por conocer la verdad. Su miedo a la libertad le impide rebelarse contra todo aquello que percibe como más poderoso que él. Por eso, obedece las directrices del poder establecido sin cuestionarlas.

Algunos, incluso, se creen revolucionarios por ello, pero no entienden que la revolución no es tal si viene promocionada por aquellos que ostentan el poder.

Nos han hecho creer que, como seres humanos, no tenemos un valor intrínseco. Se nos ha enseñado a despreciarnos, a vernos como culpables por naturaleza.

La cultura judeocristiana lo ha hecho durante milenios, especialmente a través de su interpretación del mito de Adán y Eva, que nos presenta como pecadores desde el origen, y por tanto, merecedores de castigo.

Hoy, aunque esa cosmovisión ha perdido gran parte de su influencia directa, han surgido otros mecanismos —más sutiles, pero igual de eficaces— que nos transmiten el mismo mensaje. Solo tienes que observar con atención.

UNA MANIPULACIÓN MILENARIA

Esta manipulación lleva milenios entre nosotros. Por supuesto, es la que hemos absorbido desde las religiones corruptas a lo largo de la historia, pero también hoy en día mediante todo tipo de propagandas que nos llevan a la culpabilidad y, con ella, al resentimiento hacia uno mismo y la humanidad.

¿Has observado cómo cada vez se fomenta más una sociedad dividida entre "opresores" y "oprimidos"? A los primeros se los desempodera a través de la culpa y el autocastigo. A los segundos, mediante el victimismo y el miedo, que les permite gozar de una excusa para rechazar su poder personal.

Ambas posturas conducen al mismo lugar: el menosprecio del valor intrínseco del ser humano.

Y es que, para que las tiranías prevalezcan, necesitan que olvidemos nuestro verdadero valor.

Porque cuando reconocemos nuestro valor inherente como seres humanos, entonces anhelamos la libertad y somos conscientes de nuestros derechos naturales. En definitiva, nos volvemos rebeldes, críticos e incontrolables para el poder establecido.

EL VICTIMISMO

Uno de los pilares fundamentales de la filosofía del siervo es el victimismo. Es decir, que en lugar de hacernos responsables de nuestros actos y asumir sus consecuencias, preferimos evadir la responsabilidad y adoptar la postura de "el mundo está en mi contra".

Es decir, que queremos que los demás cambien, pero no estamos dispuestos a hacerlo nosotros mismos. Observa cómo la propaganda del sistema nos empuja a adoptar esta mentalidad de víctima constantemente.

Seguro que conoces a personas así, que se pasan el día quejándose, culpando a otros de su situación, hablando de la vida como si ellos no tuvieran una mínima capacidad de influir sobre ella o como si sus decisiones no tuvieran nada que ver con los resultados que están cosechando.

"Mi pareja me ha dejado", "Me han echado del trabajo", "Me han suspendido el examen"... Todo les ocurre de fuera hacia dentro; ellos no tienen nada que ver. Creen que no hay nada que podrían haber hecho (o dejado de hacer) para cambiar "su destino".

No digo que todo lo que nos ocurre sea únicamente responsabilidad nuestra. Eso, además de falso, sería injusto. Este libro es crítico con el sistema, precisamente, porque somos víctimas del mismo.

Sin embargo, aquí partimos de la autocrítica. Entendemos que el sistema no es más que un reflejo del nivel de consciencia de la sociedad en su conjunto.

Por tanto, te invito a ser autocrítico. En lugar de caer en un victimismo automático y falso, profundiza y analiza en qué situaciones *realmente* eres víctima de algo o alguien, y demuéstratelo con hechos, no con creencias.

Descubrirás, tal vez con algo de incomodidad, que en muchas ocasiones no eres una víctima, sino que adoptas ese rol porque te resulta más fácil que enfrentarte a tu propia ignorancia.

LA TENTACIÓN

Que actuemos como víctimas no ocurre porque seamos tontos. Lo hacemos porque esta postura existencial nos aporta una gran satisfacción: la inocencia. Es decir:

El placer de no ser responsable es que nos sentimos libres de culpa. Sin embargo, pagamos un precio muy alto por ello: la impotencia.

Si tus problemas son responsabilidad de otros, también es de otros el poder de solucionarlos. Es decir, que si no asumes ser parte del problema, tampoco puedes ser parte de la solución.

Dependes de que sean otros quienes resuelvan tus problemas. Te conviertes, así, en una potencial marioneta en manos de los tiranos, que tienen el poder de ayudarte… siempre y cuando lo pagues con tu servidumbre.

En definitiva, ser víctima de las circunstancias significa vivir anclado en la resignación, la queja y las excusas, sintiendo que uno mismo no tiene ningún control sobre su destino.

La filosofía del siervo te susurra:

Tú no eres el dueño de tu vida. Eres víctima de lo que ocurre a tu alrededor. Eres impotente. Por eso, para tu seguridad, es mejor que otros decidan por ti.

LA FATAL ARROGANCIA

La filosofía del siervo también se caracteriza por una profunda soberbia y arrogancia. Le cuesta mucho reconocer que puede estar equivocado. Le aterra cuestionar sus ideas.

No busca la verdad, sino que se aferra a *su* verdad.

Siempre se considera el bueno de la historia y señala a los demás como los malos, sin detenerse a pensar si, tal vez, es al revés.

Nunca pone en duda sus creencias. Como buen siervo, se traga sin filtro las propagandas del sistema, sin cuestionarse nada. Le da demasiado miedo rebelarse contra la "autoridad".

Y, por supuesto, esto resulta muy cómodo. Es más fácil que otros te digan cómo debes pensar, en lugar de hacerlo por ti mismo. Que te indiquen a quién debes admirar y a quién debes despreciar, qué movimiento debes seguir, qué es verdad y qué es mentira...

Todo esto se refuerza aún más desde el sistema educativo, que alimenta y perpetúa esta filosofía. Se cultiva el miedo a la autoridad al castigarnos cuando desobedecemos órdenes, incluso si esas órdenes van en contra de nuestra naturaleza.

El niño que habla en clase no se está portando mal: está interactuando con sus compañeros. Pero nuestra mente, moldeada por el sistema, nos hace creer que eso está mal, y que lo correcto es que ese niño pase la mayor parte de su infancia sentado detrás de un pupitre, en lugar de jugando y explorando.

En la escuela no nos enseñan a pensar, sino a memorizar. No se nos invita a cuestionar ni a sopesar ideas, sino a aceptarlas sin rechistar y a repetirlas de forma exacta.

Se premia a quien mejor reproduce las ideas que se le han impuesto.

Y, por supuesto, todo debe ser uniforme. Que a nadie se le ocurra despertar su individualidad, reconocer sus características únicas e irrepetibles. Porque entonces podría intuir su incalculable valor como ser humano. Podría empezar a pensar diferente a la norma y a creer en su poder para crear su propia vida.

EL MIEDO A LA LIBERTAD

El siervo, en el fondo, siente un profundo miedo a la libertad: miedo a elegir por sí mismo, porque eso implicaría ser el único responsable de sus actos y de sus consecuencias.

Le aterra tanto tomar decisiones por cuenta propia y asumir lo que venga, que prefiere renunciar a su libertad a cambio de una supuesta seguridad.

Sin embargo, la seguridad que persigue es completamente falsa. En el mundo en el que vivimos, nada es seguro, nada está garantizado. Como dijo Benjamin Franklin:

"Quien renuncia a su libertad por seguridad, no merece ninguna de las dos."

Y yo añadiría: es imposible que alguien que rechaza su libertad pueda encontrar la seguridad que busca. Porque esa seguridad no es algo externo, sino interno.

La única seguridad verdadera es la que nace de la confianza en uno mismo. Y esa confianza solo se construye desde la libertad: la libertad de conocerte, de pensar por ti mismo, de buscar la verdad y la bondad.

Por tanto, si anhelas seguridad, no renuncies a tu libertad... abrázala más que nunca. Además, no puedes ser feliz si renuncias a tu libertad, porque hacerlo es negar tu propia naturaleza humana.

Y en una sociedad formada por siervos que temen la libertad, los tiranos encuentran la oportunidad perfecta para ofrecernos una falsa seguridad con el único objetivo de ampliar su control.

Pero no les creas. La sumisión a una autoridad externa nunca es la solución. La salida está en convertirte en tu propio gobernador interior, en tomar tus decisiones con libertad, sin miedo a equivocarte. Porque...

El error, si lo sabes aprovechar, te hace más libre.

LA ESCLAVITUD DE LA REACTIVIDAD

Desde la filosofía del siervo, siempre actuamos de forma reactiva. Hay un estímulo, y nosotros respondemos. Por ejemplo: alguien te trata mal, y tú lo insultas. La respuesta del siervo siempre está condicionada por el estímulo que recibe.

No es una respuesta libre, es decir, elegida conscientemente, sino una reacción mecánica, instintiva, más propia de un animal que de un ser humano.

ESTÍMULO ⟶ RESPUESTA

Y lo más triste es que esa respuesta está determinada por un estímulo que no depende de ti.

Es decir, el comportamiento del siervo está sujeto a sus circunstancias, y las circunstancias no están bajo su control. Por tanto:

El siervo es un títere de las circunstancias. No gobierna sus pensamientos, sentimientos ni acciones; es el mundo exterior el que dirige su vida.

LA FILOSOFÍA DE LA LIBERTAD

Aunque todos pasamos por una etapa viviendo como siervos, pocas personas evolucionan hacia la responsabilidad personal. Porque eso exige un coraje que muy pocos tienen: el de reconocer que uno mismo está al mando de su propia vida.

Es mucho más fácil vivir como espectador, dejando que otros piensen y decidan por ti, que tomar las riendas y convertirte en el protagonista de tu historia.

Porque si tú eres el responsable de tu vida, ya no puedes culpar a nadie. Se acaban las excusas, y te ves obligado a hacer lo que menos deseas: cambiar y mejorar.

EL ABISMO DE LA RESPONSABILIDAD

Cuando tomas la decisión de ser el protagonista de tu propia vida, es como si salieras de tu cueva. Te encuentras a merced de los peligros del mundo real.

Por ejemplo, cuando me di cuenta de que tendría que hacerme cargo de mi futuro laboral —que seguir órdenes no me serviría para llegar donde quería—, empecé a experimentar una gran perturbación.

Me sentía perdido, desamparado y completamente desprevenido para enfrentar el mundo real. Y es que otro problema de la víctima es que, como cree que el rumbo de su vida no depende de ella, tampoco se prepara de verdad.

En conclusión, empecé a sentir, por primera vez, que tenía que elegir. Se abría ante mí un mar de posibilidades, lo cual también implicaba que podía equivocarme (como, de hecho, ha ocurrido en muchas ocasiones). Entonces apareció el miedo a la libertad...

Y es justo en ese momento cuando los tiranos tratan de convencerte, de hacerte creer que la responsabilidad y el crecimiento personal no sirven para nada, y que es mejor seguir votándoles, reclamándoles, permitiendo que aumenten —lenta pero incesantemente— el control sobre tu vida.

"El mundo es terrible, deja que nosotros elijamos por ti", **te susurran.**

Debo reconocer que, por un tiempo, caí en su tentación. Mi sueño era un Estado mundial "bueno" que organizara la sociedad para cuidar de todos...

Que una serie de líderes "sabios" decidieran lo que es mejor para la sociedad, y que los demás tuvieran que obedecer...

Por suerte, hoy los tiranos ya se muestran con la cara tan descubierta que empecé a ver la realidad.

¿Y sabes qué? Maduré hasta comprender que nadie vendrá a rescatarme. Que aquellas instituciones que, en teoría, cuidan de mí, no están allí para ayudarme.

LA PODEROSA HUMILDAD

Como sabios soberanos, debemos dejar a un lado la arrogancia y reconocer que podemos estar equivocados. En lugar de defender su verdad, el sabio se compromete a acercarse progresivamente a la verdad.

Podemos definir la verdad como aquello que *es o ha sido*. La verdad es la realidad.

La verdad no existe en el futuro, porque aún no se ha materializado. Mientras algo exista únicamente como posibilidad, no podemos considerarlo verdad. La realidad siempre es objetiva; lo que varía es la percepción que tenemos sobre ella.

La verdad posee dos características indiscutibles:

1. Es objetiva: no depende de la percepción humana.

2. Es absoluta: no es relativa. No existe tal cosa como mi verdad o tu verdad; existe la verdad.

El principal objetivo, como soberanos, debe ser acercarnos a esa verdad. Descartar lo falso y abrazar lo real. Y para ello debemos tener muy claro que la percepción mental no es la verdad.

La percepción siempre supone un filtro entre la verdad y nosotros. Como dijimos, la verdad es constante; lo que cambia es la percepción humana, y esa variación puede ser leve o enorme.

Nuestra intención siempre debe ser que nuestra percepción esté lo más alineada posible con la verdad.

De hecho, podemos definir la evolución de la especie humana como el proceso de ajuste cada vez más preciso entre percepción y realidad. Cuando nuestra percepción es certera, cuando conocemos la verdad, nos volvemos libres.

Porque conocer la verdad implica saber hacer buenos diagnósticos y comprender cómo funcionan las cosas. Y al entender su funcionamiento, podemos influir sobre ellas y crear nuestra realidad personal y colectiva.

Por ejemplo, conocer la Ley de la Gravedad no nos limita; al contrario, nos permite comprenderla y manipularla de cierta manera para lograr algo tan revolucionario como volar.

Sin embargo, en la actualidad hay una ideología que está ganando terreno —incluso en entornos espirituales— y que resulta muy peligrosa: el solipsismo.

Los solipsistas sostienen que lo único seguro es la existencia de la propia mente, y que todo lo que está fuera de uno mismo es incierto.

Desde esa ideología, se cae fácilmente en la trampa de negar la existencia de una verdad objetiva, y de asumir que nada puede conocerse con certeza sobre el mundo ni sobre su funcionamiento.Mucho cuidado.

EL AMOR POR LA LIBERTAD

Mientras que el siervo teme la libertad, el sabio la ama, porque entiende que sin ella pierde su valor como ser humano. Comprende que, sin libertad, no hay dignidad ni felicidad posibles.

Además, gracias a su humildad, el sabio observa que los grandes progresos en la historia de la humanidad han nacido desde la libertad, y no desde el control.

Sabe que las tiranías que intentan someter a la humanidad, haciéndole creer que la libertad es peligrosa, no contribuyen al avance, sino todo lo contrario: conducen a la decadencia y a la miseria, tanto material como espiritual.

Para dejar de temer a la libertad y comenzar a amarla, el soberano debe hacer principalmente dos cosas:

1. **Habituarse a ser libre**, a enfrentar la incertidumbre y la ansiedad que la libertad conlleva. Esto lo logra sanando sus heridas y descubriendo un sentido trascendental a su vida. Esto lo aprenderás próximamente.

2. **Alcanzar la Soberanía Interior**, convirtiéndose en dueño de su mente, sus emociones y sus acciones, para ejercer su libertad de la mejor manera posible. Al rectificar su forma de pensar, sentir y actuar, comienza a cosechar los resultados deseados. Esto también lo exploraremos más adelante.

LA LIBERACIÓN DE LA PROACTIVIDAD

La gran diferencia entre la filosofía de la víctima y la del protagonista es que este último siempre asume que elige cómo actuar ante las circunstancias que se le presentan.

Sus acciones no son una excusa ni una reacción instintiva: son una elección. Y eso marca toda la diferencia. La gran pregunta que se hace el protagonista es:

¿Quién voy a elegir ser y qué voy a elegir hacer ante estas circunstancias?

Es decir, le quita poder a las circunstancias y lo devuelve a su capacidad de elegir cómo responder ante ellas. Por tanto, el protagonista no reacciona mecánicamente: elige conscientemente su respuesta.

DATOS → DECISIÓN → ACCIÓN → RESULTADO

Viktor Frankl, quien estuvo encerrado en campos de concentración nazis, relató su experiencia en el libro *El hombre en busca de sentido*. Todos sus seres queridos murieron, y vivió algunas de las situaciones más horrorosas que puede experimentar una persona.

Pero, tal como explica en el libro, el sufrimiento extremo que atravesó le permitió darse cuenta de que, más allá de las circunstancias, él conservaba una libertad interior: la de elegir su respuesta.

En sus propias palabras:

"Entre el estímulo y la respuesta hay un espacio. En ese espacio tenemos el poder de elegir nuestra respuesta. En nuestra respuesta se encuentra nuestro crecimiento y nuestra libertad."

EL TRIUNFO INTERIOR DEL SABIO

El sabio se encuentra con otro problema: los resultados no están garantizados. Es decir, puede elegir la mejor manera de responder ante las circunstancias, pero eso no le asegura obtener el resultado que desea.

Esto ocurre porque hay factores que no dependen de él. Por ejemplo, recuerdo días en los que me frustraba porque quería ligar con alguna chica en la disco y, aunque hacía todo lo que estaba en mi mano, ella me rechazaba.

Aunque hayas hecho todo correctamente para alcanzar tu objetivo, al final siempre habrá elementos fuera de tu control que pueden llevarte al fracaso exterior.

¿Desalentador? Tranquilo, espera un momento. En ese *exteriormente* está la clave de todo.

Por suerte, las decisiones y acciones que tomamos como soberanos de nuestra vida no solo tienen valor por el resultado exterior que generan.

Por ejemplo, el simple hecho de atreverme a hablar con una chica que me gusta es una acción valiosa en sí misma, independientemente de si su respuesta es positiva o negativa.

¿Por qué? Porque la valentía que me he demostrado a mí mismo no depende de la reacción de la chica; depende únicamente de mí.

Aunque el resultado exterior sea un fracaso, el resultado interior es un triunfo, porque he vencido al miedo que me limita y he actuado con coherencia.

Si tomas consciencia de esto, empezarás a volverte alguien imparable. No invencible, pero sí imparable. No me creas... compruébalo.

Por eso, **los valores** son el gran tesoro del soberano. Son su refugio de poder en un mundo que escapa a su control.

Actuar según los propios valores depende solo de uno mismo. Y los valores no están sujetos a los resultados, porque no son un medio, sino un fin en sí mismos.

Algunos valores desde los que las personas toman sus decisiones pueden ser:

- Libertad
- Respeto
- Trascendencia
- Honestidad
- Fidelidad
- Excelencia
- Valentía

Y muchos más. Cada uno debe encontrar aquellos con los que más resuene y esforzarse por vivir en coherencia con ellos cada día.

Los 5 primeros pasos hacia la libertad interior

ESTE ES EL REFUGIO DEL SABIO.

Mientras que el refugio del siervo es dejar que otros elijan por él para no enfrentarse a su miedo a la libertad, el refugio del sabio ante la dificultad del mundo es su capacidad de actuar desde sus valores. Ese es su triunfo interior.

La verdadera felicidad que los seres humanos buscamos —y no encontramos por ningún lado— tiene que ver con esto: con ser libres para vivir de acuerdo a nuestros valores.

Pero estamos tan obsesionados con los resultados externos que hemos olvidado cómo construir esa paz interior que solo se alcanza cuando recuperamos la soberanía personal.

Capítulo 2

FIN DEL SUFRIMIENTO AUTOIMPUESTO

"El dolor es inevitable,
el sufrimiento es opcional".
Buda

El mundo ya genera suficiente dolor por sí solo, especialmente en un sistema diseñado para desgastarte y separarte de tu esencia. Pero hay un dolor que puedes evitar. Uno que no viene de afuera, sino de dentro: el sufrimiento que tú mismo te generas.

Ese sufrimiento te roba energía, claridad y poder. Es como una fuga constante en tu tanque de vitalidad.

Este capítulo es una invitación a recuperar esa energía que pierdes en guerras internas innecesarias. Vas a descubrir cuál es el origen de tu malestar, y sobre todo, cómo empezar a construir una paz interior que no dependa de nada ni de nadie.

Porque sólo desde esa paz puedes caminar con firmeza hacia tu soberanía.

Es muy importante que entiendas que la mayor parte de tu malestar **es responsabilidad tuya**.

No te lo tomes como algo personal. No es que tú te generes sufrimiento de forma voluntaria, sino que lo haces de forma inconsciente.

Mi misión aquí es que tomes consciencia de por qué te generas ese sufrimiento autoimpuesto, y que puedas curarte desde la raíz.

EL SUFRIMIENTO NO ES LO MISMO QUE EL DOLOR

Antes que nada, tenemos que remarcar la diferencia entre el dolor y el sufrimiento.

Sentir dolor es natural e inevitable. Es parte de la experiencia humana. La vida duele.

Duele que se muera un ser querido. Duelen las injusticias. Duelen el fracaso, el rechazo o la traición. Todo eso es parte de estar vivo y no deberías temerlo, sino aceptarlo.

Además, el dolor tiene una función muy importante: hacerte de maestro. En muchas ocasiones, el dolor te enseña las lecciones más importantes de la vida.

Sin embargo, una cosa es el dolor inevitable de la vida y otra muy distinta es el sufrimiento que te puedes evitar.

Por ejemplo, romperte una pierna va a doler, sin duda. Pero depende de ti si vas a sufrir o no. Si luchas contra la situación de tener la pierna rota, si empiezas a pensar que tú no te mereces eso, que ya no puedes hacer todos los planes que tenías en mente, que ahora tu vida va a ser mucho más complicada... Entonces vas a sufrir.

Mi mensaje es que todos esos pensamientos e interpretaciones que te generan sufrimiento dependen de ti, no del hecho de haberte roto la pierna.

Por eso hablamos del sufrimiento autoimpuesto, porque te lo generas tú mismo. Evidentemente, no lo haces de forma consciente, sino simple y llanamente porque no eres consciente de ello y porque ignoras los mecanismos que te llevan al sufrimiento.

Vas a descubrir estos mecanismos que son el origen del sufrimiento autoimpuesto a continuación.

TODO SUFRIMIENTO PROCEDE DEL APEGO

Desde bien pequeño, me convertí en una persona sufridora. Esto me llevó a cosechar muchos resultados negativos en mi vida, a destruir mi autoestima y a perder la inocencia de la infancia demasiado rápido.

Por suerte, ese sufrimiento también me llevó a buscar respuestas. Intuía que el sufrimiento no podía ser algo natural, y que debía estar cometiendo algún error que me impedía vivir en paz.

Y lo que encontré fue una verdad simple pero poderosa:

Nuestro sufrimiento procede del apego.

Entonces, para comprender bien por qué sufrimos debemos entender correctamente qué es el apego.

Mi definición de apego es la siguiente:

"Relación de dependencia con algo o alguien al que le damos nuestro sentido de identidad y nuestra sensación de felicidad".

Por tanto, tenemos la certeza (consciente o inconscientemente) de que si perdemos aquello a lo que estamos apegados, nos quedamos totalmente vacíos e incapaces de ser felices.

Y en el fondo, te diría que el apego no es exactamente el problema, sino que estamos apegados a cosas a las que no deberíamos apegarnos.

Porque ponemos nuestro sentido de identidad y nuestra sensación de felicidad en relación a cosas que son inestables y que no dependen de nosotros.

Principalmente, en mi trayectoria he detectado dos grandes tipos de apego que nos atrapan en el sufrimiento autoimpuesto. A continuación, vamos a explicarnos uno a uno para entenderlos mejor.

EL APEGO AL *EGO* (APEGO INTERNO)

El motivo básico por el que te provocas sufrimiento autoimpuesto es que te has olvidado de tu verdadera identidad.

Verás. Tu sufrimiento nace de un error de percepción: crees que eres tu cuerpo, tu mente y tus emociones. Todas estas partes de ti son muy importantes, pero no conforman tu verdadera identidad.

Forman parte de tu apariencia, pero no de tu verdadera esencia.

Has olvidado quién verdaderamente eres y te has identificado con un falso concepto de identidad, al cuál muchos sabios se refieren como *ego*.

Al haber olvidado quién eres en realidad, te has apegado a la parte superficial de ti mismo: tu cuerpo, tu mente y tus emociones.

Y buscas estabilidad en tu personalidad, pero es imposible que la encuentres:

Tu cuerpo se degrada constantemente por el paso del tiempo. Si te identificas con él, no hay estabilidad posible, porque va a estar cambiando.

Tu mente también es inestable. Tus creencias cambian a lo largo del tiempo. Pero si te aferras a tus antiguas creencias sobre ti mismo y sobre el mundo porque te identificas con ellas, entonces te resistes al cambio y sufres.

Además, la mayoría de creencias con las que has sido condicionado son falsas, fruto de la ignorancia. Aferrarte a ellas significa condenarte a tener malos resultados vitales.

Tus emociones, por su lado, cambian a lo largo del día. Si estás demasiado apegado a ellas, vives en una montaña rusa emocional que te impide pensar con claridad y conectar con la paz interior.

Como puedes observar, la paz, quietud, estabilidad y seguridad que estamos buscando no las podemos encontrar en el *ego* y sus tres componentes: cuerpo, mente y emociones.

En un momento te explicaré cómo desidentificarte del ego conectando con tu verdadera identidad.

EL APEGO A LAS COSAS (APEGO EXTERNO)

El otro tipo de apego (que se deriva del primero) es el apego a las cosas. Y cuando hablo de cosas, no sólo me refiero a objetos físicos, sino a todo aquello que está fuera de ti mismo:

Relaciones, trabajo, dinero…

Cuando crees que estas cosas son las que tienen que darte un sentido de identidad y una sensación de felicidad, inevitablemente acabas sufriendo. ¿Por qué?

Pues porque vives en una tensión constante por el miedo a perder aquello que crees que te da identidad y felicidad.

Cuando crees que necesitas algo externo a ti para sentirte completo, siempre estás pendiendo de un hilo: dependes de que el mundo exterior se ajuste a tus expectativas.

Por eso me encanta la frase de la película *El Club de la Lucha*, que dice... "Todo lo que posees, tarde o temprano te poseerá".

Porque cuando vives creyendo que *necesitas* algo externo para ser feliz, siempre estás con miedo a perderlo. No tomas decisiones con libertad, sino desde el apego.

Y esto no solo ocurre con las cosas que ya tienes. También existe el apego a los objetivos. Es decir, condicionas tu felicidad a la consecución de tus deseos.

Ya dijo el Buda:

"Del deseo surge el dolor; del deseo surge el miedo. Para aquel que está libre del deseo, ni hay dolor ni mucho menos miedo."

Te dices "seré feliz cuando consiga X cosa" o "solo seré feliz cuando cambie Y". Sin darte cuenta, te haces trampas al solitario, negándote una felicidad que ya forma parte de ti y postergándola a la consecución de algo.

Pero, como ya aprendiste en el anterior capítulo, conseguir algo nunca depende de ti al 100%. Por eso, poner tu felicidad condicionada a un objetivo, nunca es inteligente, porque te provocará miedo a no conseguirlo.

O puede ser que lo consigas, pero te des cuenta de que estabas persiguiendo un objetivo que no te hacía feliz, solo porque alguien te dijo que lo hicieras.

Esto es lo que me pasó cuando conseguí entrar en la universidad. Llevaba muchos años luchando por ello, creyendo que por fin estaría en paz, y al final me di cuenta de que la satisfacción que buscaba no se encontraba allí.

En definitiva:

El error fundamental es creer que necesitas de algo externo que reafirme tu identidad y te dé felicidad.

La verdad es que la paz que estás buscando fuera se encuentra dentro de ti. Sólo tienes que derribar todo lo que te separa de ella. ¡Vamos a por ello!

ESENCIA Y APARIENCIA

Mira lo que hay a tu alrededor en este momento. Hay cosas que puedes ver y tocar, seguro. Pero también es seguro que hay espacio vacío, no ocupado.

De hecho, es muy probable que el espacio vacío sea mayor que el ocupado. Cuando observas las estrellas, ocurre lo mismo: hay muchos cuerpos celestes, pero entre ellos hay una inmensa cantidad de espacio.

Y si nos vamos a lo más pequeño, a los átomos, ya se ha descubierto que el 99,9 % de ellos es ¡puro vacío!

Curiosamente, cuando miramos a nuestro alrededor, tendemos a fijarnos sólo en los objetos y casi nunca en el espacio entre ellos.

Nos quedamos hipnotizados por las formas, por la apariencia. Y olvidamos el fondo, la esencia.

¿Puede ser que nos ocurra lo mismo al observar dentro de nosotros?

Ahora, vamos a reflexionar: si lo pensamos bien, el espacio es la base sobre la que pueden existir las cosas. Si no hubiera espacio, no podrían existir los objetos.

Del mismo modo, si no hubiera silencio, no podría existir el sonido. Tanto el espacio como el silencio carecen de forma concreta, pero sostienen todos los sonidos y objetos.

En el silencio, puedes decir que no se oye nada porque no hay ningún sonido particular. Pero también puedes decir que el silencio tiene el potencial de contener cualquier sonido.

El espacio y el silencio son como un folio en blanco: en él podemos escribir, pintar o dibujar lo que queramos. El folio está vacío, sin forma definida, pero permite que expresemos en él cualquier forma.

Pues lo mismo ocurre contigo. Hay una dimensión de ti que no tiene forma, como el espacio y el silencio. Y hay otra parte de ti que sí tiene forma, pero que siempre se despliega sobre esa dimensión sin forma.

El problema viene porque no prestamos atención a la dimensión sin forma, la cuál es la más importante porque es la esencia de todo.

RECONECTA CON TU VERDADERA IDENTIDAD

Es decir, hay dos partes de ti: la apariencia (ego) y la esencia (Ser). Cuando tu sentido de identidad se desplaza de la esencia a la apariencia, cosechas sufrimiento.

La cuestión aquí es: ¿cómo separamos el grano de la paja?

¿Cómo distinguimos la apariencia de la esencia?

Hay una señal que nos lo indica de forma muy clara:

Lo aparente cambia constantemente. Lo esencial se mantiene fijo.

Por tanto, lo que te estoy compartiendo es que hay una parte de ti que se mantiene estable e inalterable. Esa es tu verdadera identidad.

Si pones tu sentido de identidad en esa parte profunda y estable, acabas con el sufrimiento autoimpuesto.

¿Cuál es esa parte?

LA CONSCIENCIA

Mientras el decorado externo e interno de tu vida iba modificándose, tu capacidad de ser consciente se mantenía pura.

Cuando estuviste triste, la consciencia estaba allí. Cuando estuviste alegre, la consciencia estaba allí.

La consciencia siempre ha estado contigo, observando en silencio. No ha envejecido. No se ha fragmentado. En definitiva, no ha cambiado.

Por eso sabemos que, en esencia, somos consciencia.

Cuando vuelves a identificarte con esa parte esencial de ti, el sufrimiento empieza a disolverse. Porque dejas de luchar con la forma, y vuelves a la base: el fondo inalterable de tu ser.

Y desde ahí, empiezas a vivir con mucha más estabilidad, seguridad y paz interiores.

Porque la presencia de la consciencia no cambia. Por tanto, identificarte con ella te proporciona la estabilidad que estabas buscando en tu *ego* y en las cosas externas.

EL COCHE Y EL CONDUCTOR

Para entenderlo mejor, piensa en esta analogía:

Tu *Yo* está formado por dos partes, que podríamos llamar el **Coche** y el **Conductor**, tal como lo explica Emilio Carrillo.

El Coche es la parte variable y, por tanto, ilusoria de ti mismo. Seguro que has conducido varios coches en tu vida. Y si no conduces, da igual: seguramente te has subido a distintos vehículos.

Tú seguías siendo la misma persona, pero usabas diferentes coches. Hasta aquí, todo claro.

Pues bien, el Coche representa tu parte física, mental y emocional. En otras palabras: tu cuerpo, tus emociones y tus pensamientos.

Aunque todas estas dimensiones son importantísimas para vivir la experiencia humana, en última instancia no son lo que realmente eres.

El Conductor, en cambio, es la parte de ti que nunca cambia, que permanece inalterable pase lo que pase. Es el folio en blanco sobre el que se proyectan tus pensamientos y emociones.

Esa consciencia es lo que tú eres en tu esencia. Y cuando empiezas a identificarte con ella, en lugar de identificarte con los aspectos pasajeros de tu existencia, recuperas tu libertad y tu paz interior.

TE HAS IDENTIFICADO CON LO QUE NO ERES

¿Qué ha ocurrido? Que, al olvidar que eres el Conductor, no te ha quedado más remedio que identificarte con la parte transitoria de ti mismo.

Y claro, el Coche, por sí solo, pierde el rumbo, la sensatez y la cordura. Un Coche sin un Conductor que lo dirija... sufre.

Y como tú sigues creyendo que eres el Coche, haces de su sufrimiento el tuyo. Pero hasta que no conectes con el Conductor que eres, nunca podrás aliviar el sufrimiento del Coche. Este es el principio básico de la soberanía interior.

Lo que tú eres realmente es la dimensión sin forma, que podemos llamar consciencia o, simplemente, Yo Soy.

Luego está la dimensión de la forma: ahí es donde habitan las creencias, los pensamientos, el cuerpo, las emociones, tu historia, tus posesiones, tu nacionalidad, tu profesión... un sinfín de formas con las que puedes identificarte. Pero todo eso sigue sin ser lo que tú eres.

Puedes ponerte la camisa que quieras, pero esta seguirá sin formar parte de tu esencia.

Por eso, el problema surge cuando nos damos un sentido de identidad basado en la forma, porque la forma siempre es limitada e impermanente.

Y si tu identidad se basa en algo que está en constante cambio, vivirás con miedo... y sufrirás.

En cambio, si recuerdas quién eres más allá de la forma, accedes al reino de lo ilimitado y lo eterno. Y eso te conecta con la vida, dándote la paz y la seguridad que tanto has buscado afuera.

Las 2 dimensiones de ti mismo

LA IDENTIFICACIÓN CON LA MENTE Y LOS PENSAMIENTOS

Realmente, la parte con la que más nos identificamos —sin serlo— es nuestra mente. De ella se desprenden también la identificación con el cuerpo y con las emociones.

La mente es una herramienta magnífica que nos permite pensar, imaginar y crear. Sin embargo, también puede convertirse en nuestro peor enemigo, ya que es la creadora de muchos de nuestros miedos, limitaciones y preocupaciones.

¿Eliges tus propios pensamientos? ¿O surgen en tu mente de manera automática? Obsérvalo bien: la mayoría de los pensamientos que tenemos son repetitivos y no tienen ninguna relación directa con la realidad.

Son como una especie de reflejo incontrolable, similar a cuando nos golpean la rodilla y la pierna se levanta sola. La mente nunca se calla, porque su función es ofrecerte una narrativa sobre la realidad.

Y dependiendo de la calidad de esa narrativa, tu vida será mejor o peor.

El problema de raíz es que creemos que nuestra mente es nuestra identidad y, por tanto, nos creemos la mayoría de los pensamientos que surgen de ella, sin cuestionarlos ni distanciarnos.

Es decir, estamos identificados y apegados a la mente y a sus pensamientos.

La raíz principal de nuestro sufrimiento es que no vemos los pensamientos como lo que son: sugerencias. En lugar de eso, los confundimos con la realidad misma.

Además, como veremos más adelante, las sugerencias que nos hace la mente suelen estar orientadas a protegernos, por lo tanto, se basan en el miedo.

Pero la verdad es esta: tú no eres tu mente, ni esa charla interminable que te ofrece.

Del mismo modo que no eres tu mano —sino que tienes una mano—, no eres tu mente, sino que tienes una mente.

Puede parecer una obviedad, pero no lo es. El simple hecho de poder referirte a tu mente ya indica inequívocamente que tú no puedes ser tu mente.

El hecho de que puedas observarla y hablar sobre ella indica que la mente es una parte de ti... pero tú eres mucho más que ella.

ENTONCES, ¿QUIÉN ERES TÚ?

Te lo repito porque esto es la clave: tú eres el que escucha la voz que hay en tu mente, el que es capaz de acoger los propios pensamientos.

Poniendo una analogía: tú eres el vaso, y los pensamientos son el agua que contiene.

Si eres más de fiestas de cumpleaños, te lo explico con globos: tú eres el globo en sí mismo, y el aire que contiene es la mente y los pensamientos.

Al estar tan íntimamente ligados, parece como si el globo y el aire fueran lo mismo... pero no lo son. Aunque se relacionan, son entidades independientes.

La clave de la soberanía y la libertad interiores está en desidentificarse de la mente para recuperar tu verdadera identidad.

El secreto está en desarrollar la capacidad de distinguir entre tu verdadero ser y la personalidad creada por tu mente.

- Separarte.
- Distanciarte.
- Disociarte.

Y cuando reconoces esta realidad, todo se vuelve más claro. Dejas de estar confundido, y la soberanía empieza a extenderse dentro de ti.

Porque una vez sabes que no eres tus pensamientos, puedes empezar a observarlos y escucharlos.

Y al hacerlo en el momento presente, dejas de ser esclavo de ellos. Te vuelves libre para elegir tus respuestas más allá de las sugerencias que tu mente te haga.

Al estar desidentificado de tu mente, puedes observar cómo los pensamientos surgen dentro de ti, pero ya no tienes por qué creértelos, ni actuar —o dejar de actuar— a partir de ellos.

Y es en esa claridad y libertad donde recuperas la soberanía sobre tus propios pensamientos, y puedes empezar a utilizarlos a favor de tu paz, tu éxito y tu libertad.

Pero antes, debes utilizar este nuevo nivel de consciencia que acabas de desbloquear para conocerte en profundidad y sanar tus heridas.

Sólo de esta manera podrás desarrollar un auténtico amor propio que te permitirá romper con el sistema.

Capítulo 3

TRABAJO CON LA SOMBRA

"El hombre que ha aprendido a enfrentarse a sus propios impulsos y miedos es menos susceptible a los trucos de la propaganda".

Dr. Joost Merloo

Los tiranos no pueden atacarte directamente, solo indirectamente. Solo pueden poner tu ego en tu contra.

Y eso es lo que consiguen cuando no haces suficiente introspección. Cuando no desarrollas el coraje de enfrentarte a tus propias sombras.

En este capítulo vas a comprender qué es la sombra, cómo relacionarte con ella y cómo puedes sanar las heridas profundas por las que estás perdiendo tu poder personal y estás siendo vulnerable a las manipulaciones del sistema.

Para convertirnos en sabios, es fundamental conocernos en profundidad, identificando las heridas emocionales que cargamos, para poder integrarlas.

Sin este trabajo interior, es imposible evolucionar hacia la versión más elevada de nosotros mismos, ya que esa mochila emocional actuará como un lastre que impedirá nuestro crecimiento.

Y es que cuando hay un sufrimiento de fondo en nuestra vida, un miedo constante, es como si plantáramos una semilla y no dejáramos de remover la tierra. Sin paz, la semilla que somos no puede crecer.

La única forma de construir unas bases sólidas para tu soberanía personal es vivir desde un estado de consciencia abierto, lo que aquí llamamos amor.

No te pongas romántico ni imagines películas de Hollywood. El amor del que hablo no es una emoción, y va mucho más allá de cursilerías. Hablo de un estado de plenitud, unidad y armonía con nosotros mismos y con el mundo.

EL AMOR TRAE ORDEN; EL MIEDO TRAE EL CAOS

La gráfica que vas a ver a continuación es fundamental, porque explica el motivo de este libro. Vivir desde el amor —que, como veremos, implica la integración de lo inconsciente— nos lleva al orden.

Pero vivir desde el temor, es decir, desde la no-integración del inconsciente, nos lleva al caos.

Las 2 polaridades de la experiencia humana

Expresión	Positivo	Expresión
Polaridad generadora	**AMOR** (Consciencia)	**TEMOR** (Inconsciencia)
Primera consecuencia	**VERDAD** (alineación con la realidad)	**IGNORANCIA** (rechazo de la realidad)
Expresión interna	**SOBERANÍA** (dominio interior)	**CONFUSIÓN** (caos interior)
Expresión externa	**LIBERTAD** (acciones deliberadas)	**ESCLAVITUD** (acciones condicionadas)
Manifestación	**ORDEN** (paz y realización)	**CAOS** (sufrimiento y frustración)

Cuando vivimos desde un estado amoroso, nuestra consciencia se abre como una flor. Estamos abiertos a la vida y, por tanto, a la verdad. Esto nos lleva a vivir con soberanía y autenticidad, cosechando libertad.

Y gracias a ejercer nuestro libre albedrío, conseguimos orden en nuestras vidas y contribuimos a una mayor armonía en la sociedad.

Sin embargo, cuando vivimos desde el temor —el opuesto del amor—, inconscientemente nos cerramos a la vida y a la verdad. Esto nos lleva a un estado de confusión interior, cosechando esclavitud.

Como consecuencia de vivir sin libertad interior, no aprendemos de la experiencia, no acumulamos sabiduría y, por tanto, cosechamos separación, discordia y caos.

El problema es que, por una serie de condicionamientos que veremos a continuación, no estamos viviendo desde la apertura a la vida, sino desde la contracción.

Estamos anclados en el temor, no en el amor. Y por eso no somos libres para tomar las decisiones que realmente nos llevarían a cosechar lo que deseamos.

Quiero dejar claro que cuando hablo de miedo o temor, no me refiero a aquel que nos sirve para sobrevivir.

No hablo del instinto que nos hace ser precavidos. Me refiero a una sensación aprendida, no natural ni espontánea, que no te protege… sino que limita tu florecimiento como ser humano.

EL ORIGEN DEL TEMOR

En definitiva, el estado de consciencia del temor no es otra cosa que el miedo hacia uno mismo: a nuestra oscuridad, a nuestras heridas, a nuestros errores, a nuestros defectos, a la incertidumbre y la incomodidad...

Estas sensaciones siempre están presentes, permanecen latentes y, de forma silenciosa, van tomando el control de nuestra vida.

Aunque se mantengan en el inconsciente —en lo que Carl Gustav Jung llamó *la sombra*—, nos dirigen. Como él mismo dijo:

"Hasta que no hagas consciente lo inconsciente, el inconsciente dirigirá tu vida y tú lo llamarás destino."

El estado de consciencia del temor solo puede dominarnos si nuestro inconsciente se mantiene oculto. De hecho, el miedo y la inconsciencia son lo mismo. Son causa y efecto, el uno del otro.

Tu inconsciente es muy poderoso, pero tiene miedo... porque no tiene guía. Tu mente consciente es el faro que necesitas para transformar la oscuridad en luz.

A medida que hacemos consciente lo inconsciente, la consciencia se abre, y literalmente nos hacemos más grandes psicológicamente, ganando plenitud, libertad y soberanía personal.

En resumen: más amor propio, más amor por los demás y por el mundo.

LA SOMBRA

Entonces, nos queda claro que el origen de nuestro miedo es la falta de integración de la sombra. Y que solo accederemos a un verdadero estado de armonía cuando la integremos.

Pero, ¿qué es *la sombra*, exactamente?

La sombra contiene todo aquello que no nos gusta de nosotros mismos, y que hemos escondido o reprimido porque creemos que, si lo mostramos, vamos a ser rechazados.

Durante la infancia, hay referentes —principalmente nuestros padres, pero también el entorno al que estamos expuestos— que nos dicen qué está bien y qué está mal. Pronto empezamos a esconder aquello que sentimos que no encaja con cómo se nos dice que debemos ser.

Toda esta parte reprimida de nosotros, que tiene un poder inmenso, no desaparece: solo queda escondida. Y así, fuera de la luz de la consciencia, se vuelve más peligrosa.

Estas fuerzas oscuras actúan sin que nos demos cuenta, arrebatándonos nuestra soberanía personal. Como dijo Robert Louis Stevenson en su novela *El extraño caso del Dr. Jekyll y Mr. Hyde*:

"El hombre no es uno, sino verdaderamente dos. Tiene una personalidad consciente y una sombra, cada una de las cuales a menudo lucha por la supremacía dentro de su mente".

Pero esta lucha solo ocurre cuando la sombra se mantiene oculta, porque **la negamos y reprimimos**. Si nos atrevemos a afrontarla, el conflicto interno empieza a desvanecerse.

Como dijo Carl Gustav Jung…

«Nadie se ilumina imaginando figuras de luz, sino haciendo consciente su oscuridad».

NO NIEGUES TU OSCURIDAD

En definitiva, la sombra es una amalgama de aspectos que todos nosotros llevamos dentro, sin excepción, pero que resultan socialmente inaceptables.

Los negamos porque nos asusta reconocer que el potencial de cometer actos monstruosos o inmorales también está dentro de nosotros.

Y cuidado, porque al negar ciertos aspectos de ti, estos se hacen más grandes y toman mayor control sobre tu vida.

Al haber sido negados, ya no se expresan de forma natural, sino desde la perversión.

Debes comprender esto: de manera potencial, eres capaz de cometer todas las atrocidades que se han cometido a lo largo de la historia humana.

Creer que eres diferente o especial, es peligroso, porque bajas la guardia ante tu propia oscuridad.

¿Sabes qué dijo la filósofa Hannah Arendt después de entrevistarse con Adolf Eichmann, uno de los responsables del Holocausto?

Que lo más terrorífico era que parecía un hombre totalmente normal.

Aceptar que serías capaz de hacer algo monstruoso no significa que lo harás, sino todo lo contrario.

Poner luz en la oscuridad, dejar de negar al dragón que hay en ti, te permite domesticarlo y evitar que te corrompa.

Negar el mal que hay en cada uno de nosotros es totalmente contraproducente, ya que nos quita la capacidad de integrarlo y contenerlo.

Jordan Peterson lo resume de forma contundente cuando dice algo así como:

"No es bueno el que es incapaz de hacer daño, sino el que tiene el poder de herir, pero no lo hace por elección".

EL MIEDO A LA OSCURIDAD LLEVA A LA REPRESIÓN

El problema es que la sociedad, en general, nos incita a temer nuestro lado oscuro y a actuar como si no existiera. Y por eso... caemos en él.

Si has visto *La venganza de los Sith* (episodio III de *Star Wars*), verás cómo Anakin Skywalker acaba cayendo en el lado oscuro y convirtiéndose en Darth Vader.

Pero ¿por qué cae? Por un lado, porque el lado oscuro lo tienta, como a todos. Pero también porque la Orden Jedi, los que en principio representan el bien, rechazan la oscuridad que hay en Anakin.

En lugar de ayudarle a sanar su sombra y transformarla, lo invitan a reprimirla, cometiendo un error fatal.

Los Jedis, en este caso, comparten la responsabilidad de lo que ocurre, porque lo habrían evitado si hubieran sido más sabios.

De hecho, en *El imperio contraataca* (episodio V), que ocurre unos veinte años después dentro de la historia, el Maestro Yoda demuestra haber aprendido de aquel error. Lleva a Luke Skywalker, el hijo de Anakin, a enfrentar su propia sombra. Al fin entiende que…

Cuando rechazamos nuestra sombra, también estamos negando nuestra luz; porque, nos guste o no, somos el pack completo.

No puedes aceptar solo lo positivo y rechazar lo negativo. Si rechazas la sombra, te rechazas a ti mismo y, por tanto, también niegas la luz que hay en ti.

Por eso hablamos de integración: de la unión entre el consciente y el inconsciente.

Entonces, tu mente consciente —la cual es luminosa, pero menos poderosa— consigue teñirse de poder. Y tu inconsciente —que es poderoso, pero carece de guía— consigue iluminarse.

Las claves para integrar la sombra

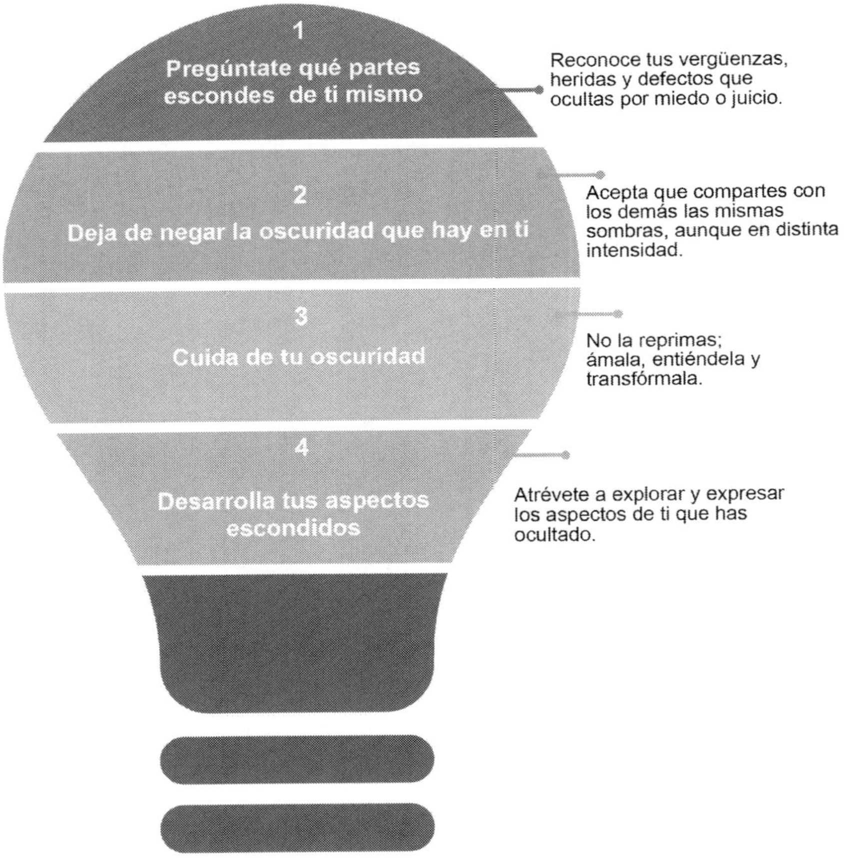

Reconocer y aceptar tu sombra no es fácil, pero es un paso fundamental para tu crecimiento personal y para alcanzar un estado de plenitud y armonía contigo mismo y con el mundo.

LA SANACIÓN DE LAS HERIDAS

Tarde o temprano, el ser humano llega a un momento en el que empieza a tomar consciencia de que sus patrones inconscientes lo están limitando. En ese instante, podemos tomar dos caminos:

1. La evasión

2. La confrontación

Cuando nuestra alma nos grita para que la escuchemos, podemos rechazarla e intentar acallar esa voz incómoda a través de estímulos externos.

O bien, podemos ser humildes y —aunque resulte incómodo— empezar a escucharnos para iniciar nuestro camino de sanación e integración.

A continuación, vamos a ver los cuatro pasos principales para recorrer este sendero reservado solo para los más valientes. Si lo hacemos bien, reduciremos el poder del miedo en nuestra vida, y será el estado amoroso el que empezará a surgir de forma natural.

Pero para ello tenemos que enfrentarnos al dragón que habita en nuestro interior. Conquistar nuestra sombra de una vez por todas. Para lograrlo, recorreremos estos cuatro pasos: la solitud, el autorrespeto, el perdón y la aceptación.

PRIMER PASO: LA SOLITUD

Soledad y *solitud* no son lo mismo. La soledad tiene que ver con el sentimiento de estar solo, mientras que la solitud tiene que ver con **estar solo físicamente**.

Debes tener claro que estar solo no es lo mismo que sentirse solo. Si estás solo y te sientes solo, significa que la relación contigo mismo es muy pobre.

Es como cuando estás rodeado de gente, pero nadie conecta realmente contigo; las interacciones son superficiales. En esos momentos estás acompañado, pero te sientes solo. Así que podemos decir que son cosas completamente distintas.

Por supuesto, puedes estar solo y sentirte acompañado. Ese es el objetivo: conocerte a ti mismo, comprender tus heridas, tus motivaciones, aquello que necesitas mejorar.

En definitiva, escuchar lo que tu alma te está pidiendo y satisfacer esas necesidades. Es entonces cuando, pese a estar solo, te sientes profundamente acompañado por ti mismo.

Te das cuenta de que siempre has tenido el poder de ser tu mejor amigo, porque nadie sabe mejor que tú lo que necesitas.

Por tanto, la solitud es la piedra fundacional del amor propio. Su aparente gusto amargo acaba convirtiéndose en el más dulce de los sabores.

Estar solo te permite bucear en tu interior, hacia la verdadera causa de tu estado vital. El aislamiento temporal te ayuda a romper la hipnosis del mundo exterior y empezar a sanar desde dentro. Como dijo Nietzsche:

"La valía de un hombre se mide por la cuantía de soledad que le es posible soportar."

Porque un hombre que no sabe estar solo, no sabe ser feliz por sí mismo. Y un hombre que no sabe ser feliz consigo mismo, es un hombre que se encuentra vacío por dentro.

El camino del amor propio siempre empieza con el recogimiento interior. Si lo observas, muchas de las grandes personas de la historia surgieron de un estado de profunda reconexión consigo mismas, que solo es posible a través de la solitud.

Por ejemplo, este es el caso de Nelson Mandela, que estuvo encerrado en prisión durante 27 años. Cuando salió, era un hombre completamente distinto. No por el paso del tiempo en sí, sino porque la solitud le permitió iluminar su sombra.

Ninguno de nosotros desea estar solo. Sin embargo, nadie nos explica que para estar bien con los demás y con uno mismo, primero debemos dedicar tiempo a escucharnos, comprendernos y atender nuestras propias necesidades. Como dijo Blaise Pascal:

"Todos los problemas del hombre se derivan del hecho de no ser capaz de estar tranquilamente sentado y solo en una habitación."

Estar solo contigo mismo, pensando, reflexionando y meditando sobre lo importante, es una amenaza directa para tu miedo. Y, por tanto, también lo es para aquellos que desean manipularte.

Es por esto que se estigmatiza la soledad y se retrata al solitario de forma negativa. Para mí, es una falacia cultural que hemos adoptado y que nos lleva a ser dependientes y sumisos.

SEGUNDO PASO: EL AUTORRESPETO

La palabra *respeto* viene del latín *respicere*, que significa "volver a mirar". Por tanto, respetarnos a nosotros mismos significa hacer introspección, reflexionar sobre nuestras creencias, emociones y comportamientos.

Afrontar nuestras heridas es duro, pero darles la espalda siempre lo es más.

Es momento de meterse de lleno en el barro. De estar en silencio contigo mismo. De atravesar la incomodidad, la ansiedad y el miedo que te provoca tu propio ser. De mirar a la cara a tus dragones y demonios interiores.

Es fundamental enfrentarte a tu pasado si deseas ser libre ahora y en el futuro. Porque, inconscientemente, sigues negando recuerdos del pasado que te hirieron y se quedaron clavados en tu corazón como una astilla.

Una parte de ti sigue anclada en ese pasado, y esa es una de las razones por las que no puedes ser feliz ni avanzar.

Así que deja de avanzar como una gallina sin cabeza y, por favor, párate a observarte.

EMPEZAR A INDAGAR EN LA SOMBRA

Aunque la sombra de cada uno puede estar repleta de heridas muy personales, te voy a ofrecer una pequeña guía sobre dónde puedes empezar a investigar para hacer conscientes tus demonios internos.

1. La herida de insuficiencia

En nuestra infancia somos extremadamente vulnerables emocionalmente. Lo que más necesitamos es alimento emocional, es decir, sentirnos queridos.

Sin embargo, en el proceso de adaptación a las normas sociales, nuestras figuras de referencia deben ponernos límites y corregirnos. Es decir, nos amoldan para que seamos buenos ciudadanos.

El problema es que la mayoría de los adultos no saben cómo hacerlo ni son conscientes del daño que pueden causar a los niños.

Esto se traduce en muchas experiencias desagradables durante la infancia que se convierten en traumas, heridas psicológicas y, en definitiva, sentimientos de rechazo e insuficiencia.

Por supuesto, no digo que esto ocurra con mala intención. De hecho, nuestros padres lo hicieron lo mejor que supieron, en relación con su nivel de consciencia y conocimiento de aquel momento.

Pero todas esas heridas quedan guardadas en el inconsciente, con la intención de protegernos de ellas. Sin embargo, si queremos madurar, crecer y ser soberanos de nuestra vida, debemos repasar nuestra infancia y tomar consciencia de todo.

2. Las relaciones personales

Algo que solemos hacer es proyectar nuestra sombra en los demás. Es decir, cuando vemos en otra persona algo que hemos escondido en nosotros mismos, nos cebamos, lo criticamos.

Es la ley del espejo: proyectamos hacia los demás aspectos que, en realidad, forman parte de nosotros.

Siempre que algo que hacen o dicen los demás nos molesta, primero deberíamos preguntarnos si ese enfado procede de que nos están señalando algo que no aceptamos de nosotros mismos.

Yo, por ejemplo, soy muy susceptible: siempre que me dicen que he hecho algo mal, me afecta mucho y tiendo a culpar a otras personas. En mi proceso de autoconocimiento, descubrí la sombra y me di cuenta de que esa gente no tenía malas intenciones, ni deseaba herirme.

Simplemente, me estaban indicando algo que yo no quería ver por miedo a ser imperfecto, a no estar a la altura. Si cambio mi forma de recibir esos comentarios, si dejo de lado mi falso orgullo, puedo usarlos para sanar mi sombra.

3. La bifurcación en el camino

Todos nosotros éramos felices de pequeños. Creíamos que todo iría bien, que la felicidad infantil se mantendría. Éramos inocentes.

Hasta que un día, todo se rompió.

Puede haber sido el divorcio de tus padres, la muerte de un ser querido, bullying en la escuela, un hecho traumático... En definitiva, hay un punto de inflexión donde perdemos la inocencia y chocamos con la dureza de la vida.

Es importante que identifiques ese primer gran dolor en tu vida, ese momento que no supiste manejar. Ese punto en el que todo cambió.

Recuérdalo y siente lo que pasó, sin miedo. Deja que esa emoción cruda te atraviese, porque es precisamente esa emoción no procesada la que sigue condicionando tu presente.

Analiza qué herida quedó en ti, esa que te ha acompañado a lo largo de los años. A veces estamos tan acostumbrados a convivir con ciertas sensaciones que dejamos de conectarlas con su verdadero origen.

TERCER PASO: EL PERDÓN

Una vez hemos tenido la valentía de afrontar la soledad y tomar consciencia de nuestras heridas, llega el momento del perdón. Este es el punto en el que, por fin, te liberas de la mochila emocional que llevas tanto tiempo cargando.

Y el perdón, en primer lugar, debe empezar por ti mismo.

Habrá errores que hayas cometido en el pasado y que todavía lamentas. Habrá oportunidades que dejaste pasar y que aún te duelen. Habrá comportamientos actuales que te avergüenzan y te hacen sentir como un fracasado.

Para perdonar —a ti y a los demás—, primero hay que comprender. Pero muchas veces no queremos comprender, porque seguimos atrapados en el victimismo.

Si perdonamos, dejamos de ser víctimas. Y entonces ya no podemos responsabilizar a nadie más que a nosotros mismos.

Pero si entendemos las motivaciones que hay detrás de cada acto, nos damos cuenta de que todos hacemos lo mejor que podemos en cada momento, según nuestro nivel de consciencia, conocimiento y estado emocional.

EL PERDÓN A LOS DEMÁS

Es fundamental que perdones a las personas que te han hecho daño. No hace falta que se lo digas: el perdón es un acto interior, en el que el gran beneficiado eres tú, no los demás.

Al perdonar al otro, te perdonas a ti. Y entonces liberas tu carga.

Por supuesto, los primeros a quienes debes perdonar son tus padres. Ellos siempre lo hacen lo mejor que saben, pero también son humanos, arrastran sus propias heridas y han sido educados por otros adultos con carencias similares.

No voy a negar que, cuando descubrí que muchos de mis problemas venían del trato que recibí en mi infancia, durante un tiempo sentí un gran rencor en mi corazón.

Recuerdo incluso escribir cartas a mis padres que nunca les llegué a mostrar, diciéndoles de todo menos guapos. Por cierto, fue un ejercicio que me ayudó mucho a sacar fuera todo ese resentimiento.

Con el tiempo comprendí que nuestros padres repiten con nosotros lo que hicieron con ellos.

Cuando te desintoxicas del resentimiento y empiezas a ver con claridad, surge un sentimiento de compasión y perdón.

Dejas de personalizar los problemas y entiendes que no es culpa de nadie en particular, sino que seguimos viviendo en una sociedad muy inmadura e ignorante.

EL PERDÓN AL MUNDO

Sí, el mundo no es como nos gustaría que fuera. Pero, al igual que con las personas, solo podremos mejorarlo si antes aprendemos a perdonarlo y aceptarlo tal como es.

El resentimiento solo nos llevará hacia ideologías tóxicas y totalitarias, que creen que el fin justifica los medios. Seremos presa de lobos con piel de cordero, que se presentan como salvadores y venden un mundo utópico a cambio de más control.

Debemos cambiar nuestra actitud y ver el mundo como una oportunidad para dar lo mejor de nosotros mismos.

CUARTO PASO: LA ACEPTACIÓN

Este último paso implica que estás en paz con lo que ha ocurrido y con lo que está ocurriendo. Es decir, al haber conectado contigo mismo y haber perdonado lo que te lastraba, ahora aceptas la realidad en lugar de seguir luchando contra ella.

Por fin dejas de ver las cosas como te gustaría que fueran y empiezas a verlas como realmente son. Es decir, maduras psicológicamente y dejas atrás el estado de infantilización.

Es el momento de reconciliarte contigo mismo y con todas las circunstancias adversas que has atravesado. Y también es el momento de empezar a ser honesto y corregir tu carácter.

Los 4 pasos para sanar tus heridas

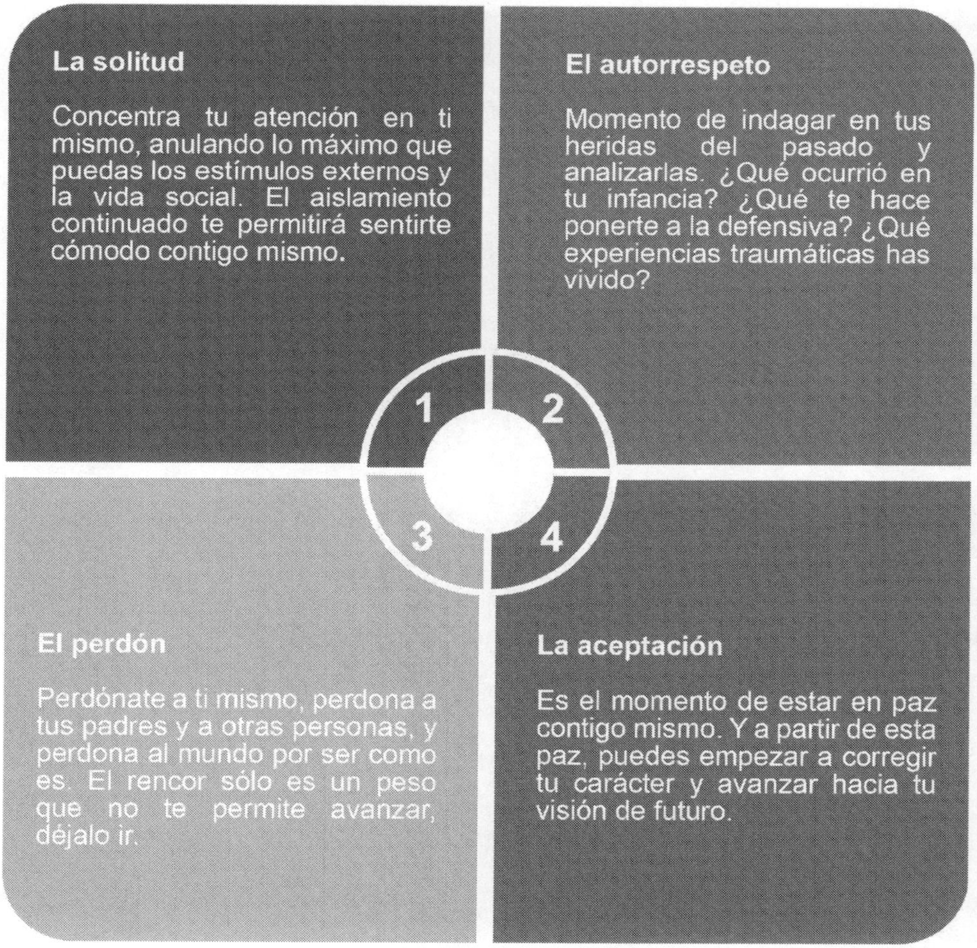

Cuando has logrado aceptarte a ti mismo, a los demás y al mundo, entras en armonía con el todo. Estás unido a la vida que hay dentro de ti y a la que hay fuera. Es entonces cuando empiezas a vivir desde el amor y la consciencia.

LA BONDAD DE LA INTEGRACIÓN

Aceptar tu oscuridad como parte de ti no va a hacer que te conviertas en alguien malo, sino todo lo contrario. Cuando dejas de resistir tu naturaleza sombría, esta pierde poder sobre ti.

Ese es el arte de aceptar e integrar la sombra:

Convertir lo negativo en positivo, canalizarlo hacia un bien para ti y para los demás.

De hecho, nuestra bondad verdadera —no el "buenismo" que usamos como máscara— empieza a salir a la luz. Y es importante dejar algo claro:

La persona bondadosa no es aquella perfecta e inmaculada. Esa no existe. Todo ser humano tiene una sombra.

La persona bondadosa es la que reconoce su oscuridad, no se deja dominar por ella y, además, la canaliza hacia el bien.

Porque, como dice Jordan Peterson:

“El hombre bueno no es inofensivo. El hombre bueno es, en realidad, alguien muy peligroso, pero que sabe mantener eso bajo dominio voluntario.”

LA RESPONSABILIDAD SOCIAL DE SANAR TU SOMBRA

La sombra no solo te afecta a ti como individuo. A nivel colectivo, cuando la mayoría de personas no ha integrado su sombra, esto se vuelve extremadamente peligroso.

Cuando una sociedad reprime sus aspectos sombríos, estos no desaparecen. Se manifiestan como prejuicios, estereotipos, intolerancia y violencia hacia otros grupos. En última instancia, esto puede derivar en opresión y violaciones de los derechos humanos.

Por eso, como dijo Jung:

“La única solución a los conflictos colectivos pasa por la revolución interior del individuo.”

Sin la sanación de la sombra, la soberanía y la libertad nunca serán posibles, porque la sociedad vivirá desde la inconsciencia del miedo, y acabará apoyando y justificando, incluso sin saberlo, movimientos colectivistas y totalitarios.

Bien, ahora que hemos terminado esta primera parte del libro, es momento de que accedas al siguiente enlace para mostrarte cómo lo puedes aplicar en tu día a día.

PARTE II

SOBERANÍA INTERIOR

Después de sentar las bases de tu soberanía personal, llega el momento de ir más profundo.

Ahora toca gobernarte a ti mismo.

Porque si no dominas tus pensamientos, emociones y acciones, lo hará el sistema.
Y lo hará sin que te des cuenta, usando el miedo, la culpa y el condicionamiento para controlar tu mundo interior.

Porque la verdadera libertad no empieza fuera.
Empieza dentro.

En esta parte del libro aprenderás a ser soberano de tu mente —para pensar con claridad—, de tu corazón —para sentir con coherencia—, y de tu voluntad —para actuar con firmeza.

Este es el núcleo de la soberanía interior.
Aquí comienza el verdadero entrenamiento.

Capítulo 4

LIBERTAD MENTAL

"Sin libertad de pensamiento,
la libertad de expresión
no sirve de nada".
José Luis Sampedro

Sin dominio sobre tus pensamientos, eres una presa fácil para el sistema de control. Te convertirás en alguien demasiado ignorante y, en consecuencia, fácilmente manipulable.

Además, comprobarás que el origen de todo lo que creas en tu vida está en tus pensamientos. Cuando te haces dueño de ellos, dejas de estar a la deriva y empiezas a controlar tu destino.

En este capítulo aprenderás cómo funciona la mente, cómo el sistema busca controlarla y los pasos para desarrollar tu libertad de pensamiento.

Tus pensamientos no son libres. Has sido condicionado desde muy pequeño para creer cosas que no son verdad. Lo que ocurre es que estas creencias se encuentran tan arraigadas, a un nivel subconsciente, que es muy difícil detectarlas y desprenderte de ellas.

Para el sistema es crucial controlar lo que piensas. De hecho, todos los otros tipos de control sólo pueden originarse porque controlan lo que piensas.

Esto es así porque el pensamiento es la causa de todo lo demás. Si tus pensamientos son equivocados, es decir, fruto de la ignorancia, entonces tomarás malas decisiones que afectarán a tu realidad individual y a la co-creación colectiva.

Además, como vimos en el Capítulo 2, hemos cometido el gran error de identificarnos con la mente. Por tanto, tenemos la sensación de que, al desprendernos de creencias que tenemos tan integradas, vamos a quedarnos vacíos, perdidos y desorientados.

Esto nos encierra en nuestra propia jaula mental, siendo incapaces de buscar la verdad y reproduciendo durante toda nuestra vida creencias que son falsas.

En este sentido, los grandes sabios nos han explicado que tenemos que vivir *la muerte del ego*. Es decir, soltar toda la ignorancia con la que nos hemos identificado, desprendernos de *nuestra* verdad, y comprometernos con la búsqueda de la verdad. Porque, ya lo sabes, la verdad nos hace libres.

CÓMO FUNCIONA LA MENTE

La mente funciona como un enorme banco de información, en el que se va almacenando todo lo que vemos, escuchamos y experimentamos a lo largo de la vida, especialmente en la infancia.

Nuestros pensamientos proceden, precisamente, de los "archivos de información" que tenemos en nuestro banco mental.

Este banco de información que vamos acumulando en nuestra mente es lo que llamamos *personalidad*, *ego* o *falso yo.*

Y es que al creer que somos nuestra mente, nos apegamos a su contenido, hasta el punto de llegar a creer que *somos* la historia que nos contamos a nosotros mismos.

Identificarte con tu personalidad conlleva grandes problemas para tu soberanía interior, ya que fue creada con un único propósito: ayudarte a sobrevivir, no a ser libre ni a triunfar.

Además, tu personalidad no fue construida desde una mentalidad adulta y consciente, sino desde las conclusiones que sacaste cuando eras niño.

Y aún más: no está basada en la verdad, sino en las creencias que absorbiste del entorno familiar, educativo y social.

En definitiva, tú te crees que piensas por ti mismo, pero la gran mayoría del tiempo sólo estás repitiendo información que otros han insertado en tu mente.

Por tanto, es clave que cuestiones todo lo que te han enseñado, y que lo verifiques a través de tu propio razonamiento y experiencia.

LOS NIÑOS SON ESPONJAS

Nuestra mente no siempre ha estado llena de información. Cuando llegamos al mundo es como una hoja en blanco. Es lo que llamamos estado de inocencia, es decir, de ausencia de condicionamiento.

Sí, es verdad que traemos información biológica innata, pero esto no nos atañe en este momento.

Desde el mismo instante en que llegamos al mundo, nuestra mente empieza a recolectar información de otras personas.

Y es que, durante los primeros siete años de vida, los niños son como esponjas que absorben todos los patrones mentales, emocionales y de comportamiento que pueden.

Esta información la absorbemos de otras personas: principalmente de nuestros padres, familiares, maestros y medios de comunicación.

Este proceso de condicionamiento es inevitable. Al llegar a este mundo y empezar a desarrollar el instinto de supervivencia, nuestra mente busca absorber referencias de quienes ya llevan más tiempo viviendo.

Imagina que tuviéramos que aprenderlo todo desde cero. Sería muy desadaptativo. Pero la cuestión fundamental aquí es que, en esa etapa, no tenemos la capacidad de discernir si aquello que estamos absorbiendo es verdadero o falso, útil o limitante.

Por tanto, la realidad es que has sido programado. Y lo más probable es que tu mente esté llena de propaganda y falsas creencias, ya que la élite ha dominado el acceso a la información desde siempre.

Probablemente, las personas que te transmitieron los archivos mentales que tienes ni siquiera comprobaron por sí mismas si esas creencias eran verdaderas, sino que simplemente las aprendieron de otros sin contrastarlas.

Y, al identificarse con su personalidad, no cuestionaron su forma de pensar.

Por eso, lo mayoritario es que, una vez hemos salido del estado de inocencia, entremos en la etapa de la ignorancia.

La mayoría de personas se quedan en esta etapa. Sólo los que se comprometen con la búsqueda de la verdad y aprenden cómo discernir, entran en la tercera etapa: la sabiduría.

Tu mayor reto, por tanto, consiste en cuestionar tus pensamientos, interpretaciones y creencias más arraigadas. Y en empezar a acumular información útil y verificada por ti mismo.

Este proceso de cuestionamiento y verificación es el camino de la sabiduría.

Ahora tienes la responsabilidad de filtrar. Revisar tus creencias más arraigadas, contrastarlas con los hechos objetivos, y descartar esas creencias que no se ajustan con la realidad objetiva.

REALIDAD OBJETIVA *VS.* PENSAMIENTOS SUBJETIVOS

Partiendo de estos archivos de información, cada uno de nosotros percibe la realidad de cierta manera. El problema es este: que nuestra percepción está sesgada por lo que ya creemos con anterioridad.

En psicología, esto se llama sesgo de confirmación: buscamos (o directamente nos inventamos) los aspectos de la realidad que confirman nuestros prejuicios, y pasamos por alto todo lo que contradice nuestras creencias.

Pero hay un principio fundamental que debemos tener claro: el mapa no es el territorio. En otras palabras, los pensamientos, interpretaciones y significados que damos a la realidad no son la realidad en sí misma.

Como dice un antiguo proverbio zen:

"Lo que sucede es lo que es y lo que hacemos con ello es lo que somos".

Podría ser que, en muchos aspectos de tu vida, tengas una percepción que está muy alejada de la realidad, y eso te lleva a responder de forma ineficiente o destructiva. Esto solo ocurre cuando vives "dormido", es decir, cuando...

Crees que la realidad y tu percepción son exactamente lo mismo. Das por sentado que tus pensamientos se ajustan a la verdad.

Al vivir identificado con la mente, no sabes diferenciar tu interpretación subjetiva de la realidad objetiva.

Cuando soñamos, la mayor parte del tiempo no somos conscientes de que estamos soñando. Creemos que el sueño es real. Solo cuando despertamos, nos damos cuenta de que era una ilusión.

Pues bien, vivir identificado con la mente es creer que la ilusión de los pensamientos es real. Por eso, cuando alguien vive así, se dice que está "dormido".

En cambio, una persona despierta se ha dado cuenta de la ilusión del pensamiento. Es consciente de la diferencia entre los pensamientos y la realidad, por lo que no se cree sus propias interpretaciones de forma automática, sino que las observa y las contrasta.

Una persona despierta enseguida se da cuenta de si tiene una percepción falsa sobre algo. Básicamente, porque observa sus resultados. Si los resultados son malos, es que parte de una percepción errónea.

Cuando hablamos del sufrimiento en el Capítulo 2, lo vimos con claridad. La creencia falsa de que tu ego es tu identidad y de que la felicidad se encuentra fuera, son la causa del sufrimiento.

Corrigiendo esa percepción y alineándola con la realidad, ese sufrimiento autoimpuesto desaparece. Pues así ocurre en todas las áreas de nuestra vida individual y colectiva.

Por tanto, recordemos la humildad que caracteriza al soberano:

Nuestro objetivo es entrenar nuestra percepción para que esté lo más alineada posible con la realidad.

Más adelante te explicaré cómo hacerlo.

TUS PENSAMIENTOS SON CREADORES

Los pensamientos que te crees tienen mucho más poder del que imaginas, ya que sus efectos no se quedan solo dentro de ti. Una vez te crees un pensamiento o una interpretación subjetiva de la realidad, este genera una emoción.

Y tus emociones te llevan a actuar de forma coherente con ellas. A su vez, la acción conduce inevitablemente a una reacción, es decir, a un resultado. Esta es la fórmula con la que creamos la realidad, seas o no consciente de ello:

Y de esta fórmula que te acabo de presentar, se desprende un conocimiento oculto que las clases gobernantes no quieren que sepas:

Todo el poder para cambiar la realidad está en los pensamientos.

Esto es el Principio de Causa y Efecto que descubrirás cuando hablemos de la Ley Natural en la Parte III.

Resumiendo: hay dos niveles de realidad. El nivel de la causa y el nivel del efecto.

Mucha gente, cuando quiere cambiar algo, pone el foco en los resultados que está cosechando, que es el nivel del efecto.

Sin embargo, el verdadero poder radica en tomar consciencia de los pensamientos que han conducido a ese resultado. Ese es el nivel de la causa.

Tomemos la metáfora del árbol para entenderlo mejor. Si tienes un árbol que te está dando limones, y tú lo que quieres son manzanas, no servirá de nada que cambies la superficie.

Es decir, aunque arranques los limones, cortes las hojas, trates de que el tronco se parezca al de un manzano... no lograrás manzanas.

La única solución es cortar el árbol de raíz. Y empezar a plantar semillas de manzano. Las semillas son los nuevos pensamientos.

Si cambiamos el principio de la fórmula, es decir, los pensamientos, cambiaremos también el final del proceso: los resultados.

Es por eso que la clase gobernante invierte tantos recursos en los medios de comunicación de masas. Porque ellos saben que si consiguen controlar las mentes de los individuos, inevitablemente controlarán sus emociones y sus comportamientos.

De esta forma, nosotros estaremos participando inconscientemente para crear la agenda que ellos quieren llevar a cabo.

EL CONTROL MENTAL

A lo largo de los milenios, la élite se dio cuenta de que controlar a las personas mediante la violencia física era muy problemático. Entonces, empezaron a estudiar cómo podrían controlar la mente humana para dirigirla hacia sus propios fines.

Descubrieron que podían sugestionar la mente humana, introduciendo semillas en su subconsciente que acabarían dando sus frutos. Para llevar a cabo sus planes, sólo tenían que controlar el acceso a la información y ofrecer la información que más los beneficiara.

Así es cómo nacieron el control mental y la ingeniería social. Aprovechando que las masas ignoran el funcionamiento de su propia mente, los gobernantes empezaron a usar ese conocimiento para manipular nuestros pensamientos, emociones y acciones.

¿Crees que es casualidad que los regímenes totalitarios del siglo XX, como el fascismo, el nazismo o el comunismo hayan hecho tanto hincapié en controlar los medios de comunicación?

EL PODER DEL SUBCONSCIENTE

Pueden controlar tu mente porque desconoces cómo opera tu subconsciente. Verás, lo primero que debes saber es que tu mente subconsciente procesa 11 millones de bits por segundo, mientras que tu mente consciente procesa 40 bits por segundo. Es decir, tu subconsciente tiene una capacidad de procesamiento 220.000 veces mayor.

La mente consciente es la que te permite tomar decisiones. A través del pensamiento, la lógica y la reflexión, eres capaz de tomar consciencia de ti mismo y del mundo que te rodea, y tomar decisiones libres y voluntarias en relación con todo ello.

Mente consciente vs Mente subconsciente

MENTE CONSCIENTE	MENTE SUBCONSCIENTE
1 Dirige Toma decisiones a través del conocimiento y experiencia acumulados con el tiempo.	**1 Obedece** Acata las órdenes de la mente consciente sin cuestionar si son beneficiosas o nocivas.
2 Discierne Distingue lo correcto de lo incorrecto, pero es poco poderosa para crear tu vida.	**2 Es muy poderosa** Contiene tus mayores recursos para crear tu vida, pero carece de discernimiento.
3 Control directo Puedes influir directamente sobre ella domesticando tus pensamientos.	**3 Control indirecto** Sólo puedes actuar sobre ella afectando al contenido de tu mente consciente.

La mente subconsciente funciona por automatismos. Es la que se encarga de que tu corazón lata, tus células hagan la respiración celular, tu estómago haga la digestión… una serie de acciones que son fundamentales para tu vida, pero que no eliges conscientemente. Simplemente ocurren.

Por eso, influir en tu subconsciente es la manera más efectiva de controlar tu mente porque es la parte más poderosa de la misma.

Además, al contrario que tu mente consciente, el subconsciente no razona. No discierne. No contrasta. Se lo cree todo.

Si no tienes una mente consciente bien educada que actúe como filtro y escudo, entrarán en tu mente subconsciente todo tipo de creencias falsas que condicionarán tu percepción y moldearán tus pensamientos, emociones y acciones.

LOS 3 PRINCIPIOS QUE LA ÉLITE USA PARA MANIPULAR TU MENTE

Para influir en nuestro subconsciente, la élite lo hace a través de tres formas:

1. La repetición

2. La emoción

3. La hipnosis

Vamos a verlo. Empecemos por la repetición.

Mucha gente ya conoce la famosa frase de Joseph Goebbels, ministro de propaganda del régimen nazi, que dice:

“Una mentira repetida mil veces se convierte en verdad”.

Y es que lo que escuchas muchas veces, aunque sea falso o absurdo, se te hace familiar. Y nuestro cerebro tiene un sesgo de familiaridad, es decir, suele confundir aquello a lo que está habituado con la verdad.

Es por eso que, si nos exponemos a los medios de comunicación de masas, los cuales repiten todos los mismos mensajes porque están financiados por los mismos grupos, vamos a acabar creyendo lo que nos dicen. No por argumentos, sino simplemente por repetición.

Además, la clase gobernante sabe muy bien que nuestro subconsciente está más receptivo cuando estamos *emocionados.* ¿Te ocurre que los recuerdos más vívidos que tienes son momentos que fueron de alta intensidad emocional? No es casualidad, es porque tu mente graba más a través de la emoción.

Es por eso que les encanta incluir los mensajes que quieren que adoptes como propios a través de series y películas.

Al estar emocionado por la historia, tu subconsciente está más abierto a aceptar las ideas que se le exponen.

Por supuesto, esto también lo hacen con los informativos. En este caso, usan principalmente el miedo como herramienta de control.

Utilizan imágenes, música y palabras elegidos específicamente para ponerte en modo de supervivencia, y es entonces cuando te inyectan los mensajes que desean.

Por eso, en el próximo capítulo aprenderás cómo ser libre emocionalmente para no caer en las trampas de la manipulación emocional.

Por último, además de la repetición y la emoción, el sistema tiene otra herramienta para plantar creencias en nuestro subconsciente. Se trata de la hipnosis.

Y no. No pienses en el típico péndulo que se mueve de un lado a otro. La hipnosis de la que te hablo es un estado cerebral que se ha estudiado científicamente.

Verás, para estar leyendo estas líneas, o para estar escuchando estas palabras, necesitas estar atento. Para hacerlo, tu cerebro está funcionando en Ondas Beta. Cuando aprendes o prestas una atención activa en algo, tu cerebro funciona en Beta.

Sin embargo, cuando tienes una atención pasiva como, por ejemplo, cuando miras la televisión, tu cerebro empieza a funcionar con Ondas Alfa. Y con este estado de relajación, tu subconsciente también está más abierto.

De forma natural, estamos en estado Alfa cuando nos despertamos, después de comer y antes de irnos a dormir. Precisamente, en estos tres momentos del día es donde se concentran los noticieros y los principales programas de televisión. ¿Casualidad o causalidad?

Ahora que ya hemos hecho un buen diagnóstico del problema, ha llegado el momento de hablar de las soluciones.

LA CLAVE DE LA LIBERTAD MENTAL: EL DISCERNIMIENTO

Para proteger a nuestra mente subconsciente de los ataques que recibe, tenemos que entrenar a nuestra mente consciente para que aprenda a discernir.

Discernir significa ser capaz de distinguir entre lo que es correcto e incorrecto, lo que es verdad y lo que es mentira. Lo que es una manipulación y lo que es un argumento.

Es la habilidad más valiosa en la era de la información. Precisamente, no nos han enseñado esta habilidad en el sistema educativo.

Nos dijeron QUÉ pensar. Pero no nos enseñaron CÓMO pensar.

Te aseguro que esto no es casual. Procede del modelo prusiano de educación, que tenía el objetivo de crear a ciudadanos obedientes al Estado y con la suficiente alfabetización para servir como mano de obra en la época de la Revolución Industrial.

Aunque este modelo nació aproximadamente hace 250 años, sigue vigente a día de hoy. Y esto es así porque este modelo interesa, porque sigue generando ciudadanos sumisos que aceptan el sistema y trabajadores aptos para perpetuar el *statu quo.*

Todo lo que es discernimiento, debate, lógica e investigación queda fuera del sistema educativo. Mientras que la verdadera educación consiste en expresar la autenticidad y encontrar la verdad, nosotros fuimos condicionados, nuestra creatividad fue aniquilada y nos enseñaron a memorizar y reproducir, no a cuestionar.

EL TRIVIUM: EL MÉTODO PARA EL DISCERNIMIENTO

Para aprender a discernir, el Trivium es la mejor herramienta que tenemos a nuestra disposición. Trivium, en latín, significa tres vías, ya que se compone de tres pasos que abordaremos a continuación.

El Trivium formaba parte de las clásicas Artes Liberales, que eran un conjunto de disciplinas académicas que se consideraban esenciales para la formación de una persona culta.

Pero no sólo nos sirven para discernir la verdad de la mentira, sino también para solucionar nuestros problemas vitales.

Porque al final, discernir la verdad y solucionar los problemas viene a ser lo mismo. Los problemas no son más que el síntoma de que nos estamos equivocando en nuestra manera de pensar, es decir, tenemos creencias falsas sobre algo.

Cuando encontramos la verdad sobre un problema, es decir, conocemos la causa real que lo está originando, entonces podemos hacer el diagnóstico correcto e implementar la solución adecuada.

Los tres pasos del Trivium, de manera clásica, se describían como gramática, lógica y retórica, en este orden. Si estos nombres te parecen demasiado anticuados, podemos hablar de conocimiento, entendimiento y sabiduría. Son lo mismo.

Lo importante es que entiendas que, en esto, el orden de los factores sí es importante.

1. **Gramática/Conocimiento:** consiste en saber aprender con una mente vacía de prejuicios.

2. **Lógica/Entendimiento:** consiste en conectar la información y eliminar inconsistencias.

3. **Retórica/Sabiduría:** consiste en actuar a partir del entendimiento.

A continuación, vamos a explorar cada uno de estos pasos y te voy a ofrecer hábitos de soberanía mental para ejercitar el Trivium al completo.

LA GRAMÁTICA O EL CONOCIMIENTO (EL QUÉ)

Este es el primer paso, porque no podemos discernir nada si no tenemos información disponible. Por eso, primero tenemos que observar y aprender sin prejuicios. En este nivel lo que nos interesa es responder a la pregunta: ¿Qué está ocurriendo o ha ocurrido?

Te ofrezco 3 hábitos para trabajar este nivel:

1. **Dieta mental:** elimina todas las fuentes de basura para tu mente. Deja de mirar las noticias, quita los programas basura, limpia tus redes sociales. Si tu cuerpo se convierte en lo que comes, tu mente se convierte en lo que lees, ves y escuchas.

2. **Aprendizaje profundo:** leer, escuchar conferencias y entrevistas. Deja de consumir contenido corto y sumérgete en el contenido largo. En el colegio te hicieron odiar el aprendizaje imponiéndote lo que debías aprender y teniendo presión por los exámenes. Debes romper esos recuerdos negativos y volver a enamorarte de aprender cosas nuevas, como cuando eras niño.

3. **Aprendizaje sin prejuicio:** cuando recopilas hechos e información, no tienes que juzgar ni analizar lo que estás absorbiendo. Estás en modo totalmente receptivo. Para ello, es crucial que te entrenes en "vaciar" tu mente. Puedes usar la meditación, la contemplación y la respiración consciente, que sirven para distanciarte de tus propios pensamientos.

LA LÓGICA O EL ENTENDIMIENTO (EL POR QUÉ)

La lógica es el segundo paso. Una vez hemos recopilado la información disponible, es el momento de procesarla, analizarla y contrastarla.

En este nivel conseguiremos conectar los puntos y separar el grano de la paja, alineando nuestra percepción con la verdad y contestando a la pregunta: ¿Por qué ocurre?

Los 3 hábitos que te ofrezco para trabajar este nivel son:

1. **Autodefensa mental:** tienes que aprender cuáles son las falacias más comunes, conocer las técnicas de control mental, evitar la manipulación emocional… Sólo así podrás descartar las mentiras e inconsistencias.

2. **Pregúntate el porqué:** busca con honestidad la causa de los hechos. No te quedes en la superficie. Recuerda que tienes que ir al nivel de las causas, que no es tan fácil de ver a simple vista. Usa la inducción (ir de lo particular a lo general) y la deducción (de lo general a lo particular).

3. **Cuestiona tus propias creencias:** conoce tu propia psicología y analiza los sesgos en los que tú mismo puedes estar cayendo. Sigue dudando de tu forma de pensar y pásalo todo por tu propio filtro, sin creerte nada porque sí. Utiliza la razón al completo: inteligencia, intuición y experiencia.

Para remarcar bien el objetivo de este segundo paso del Trivium, quiero compartir contigo unas palabras de Buda:

"No creáis en nada simplemente porque lo diga la tradición. Ni siquiera aunque muchas generaciones de personas nacidas en muchos lugares haya creído en ello durante muchos siglos. No creáis en nada por el simple hecho de que muchos lo crean o fingen que lo creen. No

creáis en nada solo porque así lo hayan creído los sabios en otras épocas. No creáis en lo que vuestra propia imaginación os propone cayendo en la trampa de pensar que Dios os inspira. No creáis en lo que dicen las sagradas escrituras sólo porque ellas lo digan. No creáis en los sacerdotes ni en ningún otro ser humano. Creed únicamente en lo que vosotros mismos habéis experimentado, verificado y aceptado después de someterlo al dictamen de la razón y a la voz de la consciencia".

LA RETÓRICA O LA SABIDURÍA (EL CÓMO)

El último paso del Trivium es la retórica o la sabiduría. Una vez hemos descubierto la verdad que estábamos buscando, es el momento de actuar a partir de ella.

Es decir, cuando encontramos el origen de un problema, tenemos que actuar para solventar esa causa, respondiendo a la pregunta ¿Cómo se soluciona?

Cuando encontramos la verdad sobre algún tema que nos afecte a nivel colectivo, tenemos que comunicarla, porque esa es la única manera de que, como humanidad, dejemos de vivir en la ignorancia y, por ende, en estado de sufrimiento y esclavitud.

Estos son los 3 hábitos para desarrollar una mente soberana que te propongo para la retórica:

1. **Sé coherente:** no te sirve de nada haber encontrado una verdad si después decides vivir desalineado con ella. Si no eres congruente, tu amor propio descenderá. Y por

supuesto, vive lo que predicas. Recuerda que la sabiduría es conocimiento aplicado.

2. **Escribe lo que has aprendido:** cuando tus conclusiones se quedan dentro de tu mente, son más peligrosas, ya que es más difícil detectar tus propios puntos ciegos. Pero si trasladas tus pensamientos al papel, todo queda más claro y puedes identificar inconsistencias o llegar a revelaciones más profundas.

3. **Aprende a comunicar a los demás:** ya lo dice el viejo adagio: la mejor manera de aprender es enseñando. Tienes que saber trasladar información a los demás de la manera más atractiva y persuasiva posible. Tienes que vencer tu miedo al rechazo, mostrando tus ideas aunque estas sean políticamente incorrectas. Debes poner el amor por la verdad por encima de tu comodidad.

LA IGNORANCIA ES INMORAL

Como has visto a lo largo de este capítulo, tu libertad exterior empieza por dentro, y más concretamente, en tu forma de pensar..

Si tus pensamientos siguen siendo una réplica de lo que el sistema ha sembrado en ti —sin análisis, sin cuestionamiento, sin autenticidad—, seguirás siendo una pieza más en su maquinaria.

Recuerda: la ignorancia no es neutral. Hoy, tener acceso a la información pero elegir no buscar, no contrastar

y no aprender... es una forma de complicidad con la mentira.

Y esa complicidad no solo te esclaviza a ti: también perpetúa el sufrimiento colectivo. El sistema no necesita soldados armados. Le basta con mentes dormidas.

El ignorante funcional no hace preguntas, no ve las cadenas, no se rebela. Y por eso, sin saberlo, sostiene el orden injusto que lo oprime. Por eso, pensar por ti mismo no es solo un derecho... es un deber moral.

Pregúntate con honestidad:

- ¿Qué pensamientos sostengo que nunca he cuestionado?
- ¿Qué ideas defiendo que, en el fondo, no comprendo del todo?
- ¿Estoy dispuesto a renunciar a mis creencias si encuentro algo más verdadero?

Discernir, escribir, enseñar, actuar con coherencia y hablar con claridad: estos son los hábitos que te convierten en un ser mentalmente soberano.

Y si no conquistas tu propia mente, todo lo demás —tus emociones, tus decisiones, tus relaciones— será arrastrado por fuerzas que ni siquiera entiendes.

El pensamiento soberano solo es posible cuando tienes el valor de matar al viejo yo, de salir del condicionamiento y de buscar la verdad por encima del confort.

No tienes que saberlo todo. Pero sí tienes que buscar con honestidad. Porque si no te liberas por dentro... jamás podrás liberarte por fuera. Así que ponte las pilas.

AHORA TOCA IR AL SIGUIENTE NIVEL

Ya has dado el primer paso de la soberanía interior: limpiar tu mente de condicionamientos. Ahora toca liberar una dimensión aún más profunda: tus emociones.

Verás cómo el sistema también ha saboteado tu mundo emocional. Y aprenderás a sentir sin sufrir y a convertir tu corazón en un centro de poder, no de dependencia.

La libertad mental sin libertad emocional es incompleta. Prepárate para conquistar tu corazón.

Capítulo 5

LIBERTAD EMOCIONAL

"Quien sabe excitar las emociones de las masas, sabe hacerse su amo".
Gustave Le Bon

Los dueños del sistema saben muy bien que los humanos somos seres emocionales. Por eso apelan constantemente a nuestras emociones con el objetivo de manipularnos.

La falta de una verdadera educación emocional hace que apaguemos nuestro cerebro racional, lo que provoca que dejemos de pensar y actuemos únicamente por impulsos emocionales.

En este capítulo aprenderás a ser más consciente de tus emociones, lo que te ayudará a utilizarlas para alinearte con la verdad y protegerte de la manipulación emocional.

¿Dominas tus emociones o ellas te dominan a ti? Nadie te ha enseñado qué son las emociones ni cómo relacionarte con ellas para ser más libre. Si lo hubieran hecho, no serías tan manipulable.

La idea central de este capítulo es la siguiente: cuando no sabes gobernar tu mundo emocional, cualquier poder externo puede manipularte con miedo, culpa, aprobación o afecto.

Recuerda que una de las puertas a tu subconsciente es la emoción, y que los dueños del sistema lo saben muy bien. Si ellos conocen cómo influenciar tus emociones y tú no sabes defenderte, ¿sabes qué va a ocurrir? Que te van a engañar una y otra vez.

Porque mientras tú crees que razonas y que tienes una opinión bien fundamentada, en realidad estarás manipulado emocionalmente, y reaccionarás poniéndote a la defensiva siempre que alguien contradiga tus opiniones.

LO QUE SIENTES NO ES LA VERDAD

La mayoría de "educación" emocional que se está empezando a enseñar en los colegios, en escuelas de psicología o a través del perverso movimiento *woke,* está transmitiendo a la gente una de las ideas más tóxicas de la postmodernidad:

Que tus emociones son sagradas. Que lo que sientes es *tu* verdad y que da igual la realidad objetiva.

El mensaje es "si lo sientes, es verdad". Pero esto no es así, y lo único que hace es infantilizar a las masas, evidentemente con el objetivo de que sean irresponsables y por tanto se conviertan en personas sumisas al poder establecido.

Si ponemos nuestras emociones particulares por encima de la realidad objetiva, estaremos alimentando la idea de que la verdad es relativa. Es decir, estaremos alimentando una de las mayores armas de control mental y emocional que existen y que ya comentamos en el Capítulo 1: el solipsismo.

Te recuerdo que el solipsismo es la falsa creencia filosófica de que la única realidad que existe es la propia mente o percepción.

Es decir, que toda verdad es relativa y subjetiva. Cuando adoptamos el solipsismo, es inevitable acabar en un callejón sin salida, en el que perdemos el rumbo como sociedad y al final la verdad no es la de los hechos objetivos, sino la "verdad" que impone el sistema con su manipulación y violencia.

Ahora bien. No confundas lo que te digo. Que las emociones no sirvan para encontrar la verdad no significa que sean algo inútil, que tenemos que desechar y reprimir.

Precisamente, hoy en día están volviendo muchos discursos antiguos, sobre todo relacionados con la masculinidad, que aún no han entendido lo siguiente:

Ser frío emocionalmente no te hace más hombre. Lo que te hace es más inhumano.

Aquí buscamos el equilibrio: ni pensar que las emociones lo son todo ni desecharlas. La verdad se encuentra en el punto medio: estar cerca de tus emociones sin dejarte dominar por ellas.

LAS EMOCIONES SON FUEGO

La manera de relacionarnos con las emociones se resume haciendo una analogía con la manera de gobernar el fuego:

Si las controlas, te calentarán y te mantendrán vivo. Pero si ellas te controlan a ti, te quemarán y te destruirán.

A nivel emocional, las cualidades que más debemos cultivar son el equilibrio y la fortaleza. Pero esto no es lo que el sistema nos promueve.

Equilibrio no significa frialdad. El punto medio entre la frialdad y el drama emocional es la fortaleza. Hoy en día, parece que ser fuerte es algo por lo que hay que pedir perdón… ¿Nos hemos vuelto locos?

Mucha gente confunde fortaleza con represión emocional. Nada más lejos de la realidad.

Ser fuerte y equilibrado emocionalmente significa que estás cerca de tus emociones y, a la vez, no te dejas dirigir por ellas.

En este sentido, hay una frase de Julio Cortázar que viene como anillo al dedo:

"El truco es hacerse fuerte de corazón sin perder la ternura del alma"

Hay que tener fuerza para sostener la emoción, y luego darle una dirección concreta y deliberada para hacer el Bien.

Pero para conseguir eso, primero tienes que identificar los tres obstáculos que te alejan de la madurez: ser un infante emocional, ser preso de la manipulación emocional y tener apatía emocional.

ERES UN INFANTE EMOCIONAL

El psicólogo Carl Gustav Jung habló del síndrome del *puer aeternus*, es decir, del niño eterno. La realidad es que vivimos en una sociedad repleta de personas con apariencia de adultos con un nivel de madurez emocional más propio de un niño.

Y esto es crucial para el poder establecido. Porque si tú eres incapaz de controlar y equilibrar tus emociones, entonces estás en la posición perfecta para ser manipulado. Quién sea capaz de provocarte una emoción, será el dueño de tus decisiones.

El principal síntoma de la inmadurez emocional es creer que alguien tiene el poder de afectarnos emocionalmente sin nuestro consentimiento. Es creer que podemos ser víctimas emocionales.

La verdad es la siguiente:

Nadie ni nada puede herirte *emocionalmente* sin tu consentimiento.

Dentro de ti, tú siempre tienes el poder de elegir si algo te afecta o no. Recuerda lo que hablamos en el Capítulo 1. Debes hacerte responsable. Tú siempre tienes el poder de elegir lo que piensas.

Y, como lo que sientes es resultado de lo que piensas, tienes el poder para elegir tus emociones. Por tanto...

Tú eres el ÚNICO responsable de tus emociones y de las acciones derivadas de ellas.

Y lo más importante: mientras tú sigues siendo un niño y rechazas tu responsabilidad emocional, perdiendo tiempo y energía culpando a otros por tus emociones, los verdaderos ataques -los que afectan tus derechos naturales- pasan desapercibidos.

Y si crees que tus derechos naturales son que nadie te agreda verbalmente o que todo el mundo cuide de tus emociones... Además de que esa es una actitud infantil, significa que no tienes ni idea sobre qué es un derecho. Tranquilo, llegarás a ello en el Capítulo 9.

En definitiva, mientras tú te indignas por cosas que no tienen la menor importancia real, las cosas por las que realmente te tendrías que indignar pasan desapercibidas. Sólo puedes ser libre si de verdad superas la inmadurez emocional.

Al final del capítulo te enseño cómo hacerlo. Sólo con esto, ya serás inmune a las manipulaciones emocionales, porque sabrás dominar tus emociones sin ser tan influenciable por otros.

Aún así, vamos a indagar más en la manipulación emocional para que ningún tirano pueda ya influir en lo que sientes para que participes o apruebes sus medidas.

TE CONTROLAN MEDIANTE MANIPULACIÓN EMOCIONAL

¿Has visto algún discurso de Hitler, Mussolini o algún otro gran dictador? Si no lo has hecho, te invito a que lo hagas. Aunque no entiendas nada de lo que dicen, vas a poder *sentir* la emoción que quieren transmitir.

Los políticos saben exactamente cómo activar tus gatillos emocionales para inducirte emociones que a ellos les interesa para que actúes de determinada manera.

Y normalmente quieren provocarte alguna de las siguientes emociones:

El miedo ha sido siempre la herramienta más efectiva del poder. Cuando tienes miedo, dejas de pensar y comienzas a obedecer. Por eso el sistema te bombardea con amenazas constantes: crisis, enfermedades, inseguridad, cambio climático...

El mecanismo es simple: crean o exageran un problema, provocan una reacción emocional, y luego te venden la solución que ya tenían preparada.

Buscando alivio, la aceptas sin cuestionar. El miedo apaga tu neocórtex, te pone en modo supervivencia, y desde ahí eres más manipulable. Por eso, si no dominas tu miedo, nunca serás libre.

La culpa también es muy útil para controlar. Porque quien se siente culpable, busca redimirse. Y si tú dictas qué es la culpa y cómo se repara, dominas el comportamiento del culpable.

Hoy se culpa a la gente por contaminar, por tener "privilegios", por querer marcharse del país. Incluso se culpa a los hombres solo por serlo.

Muchos, buscando "deconstruirse", han perdido su esencia. Hombres obedientes, sin firmeza, sin coraje. La culpa real existe, pero no es la que dictan los medios. Solo es culpa verdadera cuando violas un principio ético, no cuando incomodas al discurso dominante.

La vergüenza es el susurro que te paraliza antes de hablar. "Mejor no digas eso, se van a reír", te dice. Es una herramienta de control que busca que te autocensures.

No necesitas que te callen desde fuera si ya te callas tú por miedo al rechazo. Desde pequeños nos educan para agradar y temer la exclusión. Y así, la mayoría no cuestiona nada. La vergüenza social moldea ciudadanos obedientes que no desafían lo establecido.

La ilusión también es un arma cuando se usa para mantenerte dormido. Cada vez que aparece un nuevo político con cara de salvador, muchos suspiran de alivio: "Este sí que lo cambiará todo". Pero no lo cambia. Nunca lo hace.

Y es que la técnica del salvador funciona porque seguimos siendo niños emocionales, esperando que alguien más nos rescate. El sistema te vende una utopía para que no pienses en hacer cambios reales. Pero no habrá ningún rescate. Si no actúas tú, nadie lo hará por ti.

La indignación artificial es otra distracción. Te enfadas por realities, por partidos de fútbol, por chismes de famosos. Canalizas tu rabia hacia lo irrelevante, mientras los temas verdaderamente importantes —la censura, la manipulación, la libertad— quedan olvidados.

Es una estrategia perfecta: quemas tu energía emocional en guerras falsas y no te queda fuerza para cuestionar al verdadero poder.

Y por último, **el buenismo:** esa versión falsa de la bondad que te dice que ser bueno es ser obediente. Que no pongas límites, que no cuestiones, que no digas nada fuerte. Así han vaciado la bondad de su esencia. Porque ser verdaderamente bueno requiere coraje y discernimiento.

No se trata de agradar a todos, sino de hacer lo correcto aunque incomode. El sistema te quiere dócil, no bondadoso. Si no eres fuerte, tu bondad no sirve. Y si no piensas con claridad, tu empatía puede ser usada contra ti.

TIENES APATÍA EMOCIONAL

Nos han desconectado del corazón. Existe una campaña para alejarte de tus emociones, porque si consiguen anular lo que sientes, entonces no tendrás la fuerza para actuar y generar un cambio. Desarrollarás apatía emocional.

Cuando hablo de apatía emocional, me refiero a que cada vez estamos más desensibilizados ante el sufrimiento ajeno, más anestesiados y más indiferentes.

¿Por qué crees que se promueven vídeojuegos para los más pequeños en los que el tema principal son la violencia y la destrucción? No es casualidad, sino causalidad.

Se trata de programar la mente de los niños para que acepten las guerras como algo natural y que, además, por medio de la habituación emocional, se cree desensibilización.

¿Por qué crees que se nos ofrecen infinitas opciones de entretenimiento y de alivio temporal, como los vídeojuegos, los deportes mediáticos, la telebasura, las redes sociales, la espiritualidad *new age*...?

Porque nos mantienen lo suficientemente contentos y cómodos para que no nos levantemos de la silla ante las injusticias. Para que no nos importe lo que está ocurriendo. Para que seamos egoístas.

Mientras nos mantengamos en este estado de apatía emocional, nunca podremos desarrollar los sentimientos más elevados que nuestro corazón es capaz de albergar:

La bondad, la compasión, la justicia, la empatía, la solidaridad, el coraje...

Todos esos sentimientos sólo pueden proceder de un corazón despierto. Si te fijas, ahora no estoy hablando de emociones, sino de sentimientos.

Los sentimientos se crean cuando la emoción del corazón se une con la conciencia del bien y el mal, de lo correcto y lo incorrecto.

Cuando las emociones son guiadas desde la consciencia, el conocimiento y la verdad, entonces se transforman en sentimientos.

Diferencias entre las emociones y los sentimientos

EMOCIONES	SENTIMIENTOS
Reacción a un estímulo	Estado de ánimo estable
Inconsciente e inmediata	Consciente y progresivo
Antes que la razón	Interpretación y razón
Más intensa	Más profundo
Impulsiva	Reflexivo

Por ejemplo, la emoción del miedo se puede transmutar en coraje, siempre y cuando hay la conciencia de que superando ese miedo se está haciendo algo bueno, justo y bello.

La emoción de la rabia se puede transformar en acción consciente hacia un cambio positivo si se une con la consciencia de la verdadera moralidad y el conocimiento de los auténticos problemas.

Los sentimientos son lo que te diferenciará de los miembros de las élites oscuras. Ellos tienen el conocimiento y la voluntad, pero han apagado su corazón. Sólo piensan en ellos mismos, y que "el hombre es un lobo para el hombre".

Y esta es la diferencia entre el arquetipo del mago oscuro y el mago blanco: ambos tienen las mismas herramientas, pero uno trabaja para esclavizar al ser humano y el otro, para liberarlo.

CÓMO DEJAR DE SER UN TÍTERE EMOCIONAL

Bien, ahora que ya hemos hecho un buen diagnóstico del problema, es el momento de interiorizar y aplicar las soluciones para desarrollar una auténtica libertad emocional.

Solo de esta manera, podremos ser independientes de las manipulaciones constantes que nos llegan del sistema para alejarnos del poder que alberga nuestro corazón.

Lo primero que tenemos que lograr es un equilibrio emocional. El equilibrio implica que dejaremos de ser infantes emocionales y que estaremos listos para defendernos de las manipulaciones del sistema. Te explico cómo desarrollar este equilibrio emocional en 5 pasos:

1. No niegues ninguna emoción

Lo fundamental que deberíamos haber aprendido es que no es efectivo negar ni luchar contra las emociones desagradables. Porque, a nivel interno, lo que resistes, persiste; lo que observas, se transforma.

Cometemos un error muy grave al pensar que, por sentir algo, nos volvemos malos. No hay nada malo en sentir ira, envidia o incluso deseos de hacer daño a otros.

Mientras esas emociones se integren y no se transformen en acciones dañinas, no eres una mala persona. Solo eres humano. Recuérdalo siempre:

El mal está en la acción, nunca en la emoción.

Lo digo porque muchas veces reprimimos o negamos las emociones que aparecen, creyendo que reconocerlas es admitir que somos malos. Nada más lejos de la realidad.

Las emociones comúnmente llamadas negativas —que en realidad deberíamos llamar desagradables— tienen una función primordial. Igual que el dolor físico, son señales de alarma.

El dolor nos indica que algo nos está haciendo daño. De la misma forma, las emociones desagradables nos dan información. Y esa información hay que escucharla.

Así como no podríamos sobrevivir sin la sensación de dolor, tampoco lo haríamos sin emociones desagradables. Nos volveríamos ciegos a todo lo que deberíamos estar percibiendo.

2. Entrénate a sentir tus emociones desagradables

Si estás comprometido con ser libre, tendrás que buscar la verdad. Y la verdad no se encuentra siguiendo lo que te hace sentir bien.

De hecho, muchas veces la verdad te hará sentir mal. Porque la verdad es beligerante, destruye tus falsas creencias.

Este es uno de los principales engaños de las falsas espiritualidades tipo new age o de las escuelas de pensamiento positivo. Te dicen que nunca tienes que enfocarte en lo negativo. Que si ignoras lo negativo, desaparecerá como por arte de magia.

Pero, te pregunto, ¿cuántos de los problemas que has tenido en tu vida han desaparecido porque los hayas ignorado? ¿Acaso no se han hecho más grandes?

El problema no está en sentir algo desagradable, sino en no tener la fuerza suficiente para transformarlo en un sentimiento elevado y canalizarlo hacia algo bueno para ti y para los demás.

Yo escribo este libro, en parte, porque estoy enfadado y asustado por el destino de la humanidad.

Podría haber dirigido ese enfado hacia mi entorno, creando conflicto. Pero ¿de qué serviría? De nada.

Decidí canalizarlo escribiendo este libro. Para hacer algo. Para no quedarme de brazos cruzados.

No es lo que sientes, sino lo que *haces* con lo que sientes.

No focalices tu atención en dejar de sentir emociones negativas, sino en abrazarlas y en canalizarlas de una manera positiva. Y recuerda esto:

Cuando te sientes mal por una violencia física o una extorsión como a la que nos somete el sistema de forma usual, no solo es normal que te sientas mal, sino que es correcto y espiritualmente elevado, porque sino, te volverías pasivo ante la inmoralidad.

Lo que consiguen alejándote de la "negatividad" es anestesiarte ante lo que va mal en el mundo. ¡Porque sólo las emociones "negativas" nos conducen al cambio!

3. La aceptación emocional

Si rechazas una emoción, solo lograrás darle más fuerza y aumentar su poder sobre ti. Por eso debes reconocerla, sentirla plenamente y observarla para entender el mensaje que te está enviando.

Sé que esto puede ir en contra de lo que has aprendido, porque desde pequeños nos enseñaron que es doloroso sentir ciertas emociones.

Y puede que lo sea al principio. Pero si sostienes la emoción y te enfrentas a ella sin miedo, verás que no pasa nada.

Todas las emociones, incluidas las "negativas" tienen una intención positiva:

El miedo existe para alejarte de algo que te puede hacer daño.

La rabia te indica que se ha violado un límite.

La tristeza te muestra la necesidad de introspección.

Los celos y la envidia te muestran tu falta de amor propio.

En lugar de resistirte a una emoción —como solemos hacer por costumbre—, haz lo contrario: acéptala, relájate, siéntela plenamente y escúchala.

De hecho, las emociones que rechazamos y reprimimos quedan escondidas en nuestro inconsciente, en lo que ya nos referimos como *la sombra.*

Y, desde allí, estas emociones dominarán nuestras acciones sin que nos demos cuenta. Al negar nuestras emociones incómodas, precisamente les estamos dando el poder para que nos controlen.

4. Utiliza la Ley del Espejo correctamente

Un factor clave en la responsabilidad emocional es observar a las personas y situaciones que te generan estrés o sentimientos desagradables.

Esas emociones se presentan para que las observes y puedas identificar ciertos miedos que aún no has integrado. Por ejemplo, la ansiedad social te está mostrando que debes cambiar algo para poder relacionarte de una forma más sana con los demás.

En algunos entornos falsamente espirituales existe una gran confusión con este tema. Se llega a decir que todo lo que ves fuera de ti es una proyección tuya.

No. Olvídate de esas ideas que solo te harán más sumiso, porque aceptarás todo lo que te hagan o te digan bajo la falsa premisa de que todo proviene de ti.

Aquí el mensaje es simple:

Cuando algo o alguien te hace sentir una emoción desagradable, pregúntate honestamente si eso te está indicando una parte de ti mismo que debes trabajar.

5. Libera tus emociones cada noche

Durante el día, vamos acumulando emociones a medida que interactuamos con otras personas o con la realidad.

Por el ritmo de vida que llevamos, no siempre es posible parar y sentir esas emociones por completo cuando aparecen.

Si alguien te genera enfado, puedes dejar esa emoción aparcada unas horas. No pasa nada. Para eso existe el inconsciente: para almacenar lo que no es práctico procesar en el momento.

El problema es cuando esas emociones se quedan ahí de forma permanente. Es entonces cuando empiezan a dominarnos y se transforman en estados emocionales crónicos.

Para evitar esto, cada noche necesitas "lavar la ropa sucia".

Siéntate en un lugar tranquilo y en silencio, y pídele a tu inconsciente que libere las emociones reprimidas del día.

Durante unos diez minutos, permítete sentir todo lo que habías pospuesto. Así haces una limpieza emocional, te vas a dormir en paz y te levantas con el sistema emocional limpio y la mente clara.

LOS SENTIMIENTOS SE ENTRENAN

Además de desarrollar el equilibrio emocional, tenemos que entrenar nuestros sentimientos más elevados: la compasión, la bondad, la empatía, el coraje...

Una buena estrategia para empezar a desarrollar sentimientos elevados **consiste en actuar como si lo sintiéramos hasta que lo sintamos.**

Verás que los seres humanos tenemos una capacidad creativa enorme. Estamos a una sola decisión de elegir cómo nos sentimos.

Muchas personas creen que lo que propongo aquí es fingir. Pero no se dan cuenta de que sus emociones habituales también son una ficción.

La única diferencia es que llevan tanto tiempo sintiendo esa ficción, que creen que es el único sentimiento posible.

Lo han automatizado de tal forma que piensan que "ellos son así", cuando en realidad podrían parar y elegir un nuevo sentimiento, un nuevo estado del ser.

Cuando empiezas a "fingir" que sientes compasión o coraje, lo único que estás haciendo es poner tu atención en algo que ya existe dentro de ti.

Solo estás abriendo el armario y eligiendo las vestimentas que te sientan mejor. Estás eligiendo qué sentimiento ponerte, en lugar de quedarte con el que te ha tocado por inercia.

Cuando "finges" coraje no estás siendo falso. Estás utilizando una herramienta poderosa para activar ese coraje que ya habita en ti, pero que no has usado por falta de costumbre.

¿Es eso fingir? Yo no lo llamaría así. Es una elección consciente. Una decisión voluntaria de escoger los sentimientos más elevados para cada momento y situación.

Así que…

Deja de vivir con los sentimientos a los que estás habituado y empieza a habituarte a los sentimientos con los que quieres vivir.

LA INTELIGENCIA DEL CORAZÓN

El corazón no es solo un órgano biológico. Las investigaciones del *HeartMath Institute* ya han demostrado que el corazón tiene su propio sistema nervioso: procesa, recuerda, aprende y emite señales.

De hecho, el campo energético del corazón es 5.000 veces más fuerte que el del cerebro. Este campo electromagnético es tan potente que puede medirse varios metros fuera del cuerpo… y es percibido por las personas que nos rodean. En definitiva:

El verdadero órgano de poder no es el cerebro, es el corazón.

Y esta es una de las grandes equivocaciones de nuestra cultura: hemos idolatrado lo intelectual y menospreciado lo intuitivo. Le dimos el trono a la mente… y exiliamos al corazón.

Pero la verdadera sabiduría consiste en unir ambas: la precisión de la mente con la verdad sentida del corazón. Pensar con claridad. Sentir con profundidad. Y actuar con coherencia.

Además, el corazón representa el equilibrio por excelencia. En las tradiciones orientales, se enseña que tenemos siete chakras, y el del corazón ocupa el centro: es el número cuatro. Y no es casualidad. El corazón es el puente.

Es el órgano que transmuta nuestros instintos más "bajos" en sentimientos superiores.

Si no abres tu corazón, vivirás preso de tus impulsos animales. Si lo haces, empezarás a encarnar tu dimensión más elevada.

Y aún hay más.

Al tener una energía tan poderosa, el corazón nos permite **acercarnos a la verdad sin necesidad de razonarla paso a paso**. Esto es lo que llamamos intuición.

Gracias a la intuición, puedes detectar cuando alguien intenta manipularte emocionalmente.

Por eso, el corazón es la mejor defensa frente al engaño. Porque **el corazón siente lo que la mente no puede explicar**: percibe las verdaderas intenciones, reconoce lo justo, distingue lo noble.

Así que, si quieres salir de la apatía emocional, haz algo simple y poderoso: **vuelve a poner atención en tu corazón**. En lugar de vivir atrapado en los bucles mentales, empieza a preguntarte:

¿Qué siento en el centro de mi pecho? ¿Qué me está diciendo mi corazón ahora mismo?

Y no, esto no es cursi. Es un acto de valentía.

Cuando empecé a hacerlo, descubrí algo incómodo: mi corazón se había convertido en piedra. No sentía nada. Pero insistí. Y entonces despertó. Primero lloré todo lo que había reprimido. Después me sentí más libre. Más liviano. Más despierto.

El mensaje es claro: dedica un momento cada día a meditar llevando tu atención al centro del pecho. Respira. Siente. Escucha. Eso abrirá tu corazón.

Y no esperes que sea cómodo: los sentimientos del corazón no siempre endulzan… pero siempre dicen la verdad. Y tú estás aquí por eso, ¿no?

TE QUEDA EL ÚLTIMO PASO HACIA LA SOBERANÍA INTERIOR

Porque cuando reconectas con tu corazón, descubres tu Visión de vida. Esa dirección interna que da sentido a tus actos y te protege de las trampas del sistema, diseñado para impedir que avances por tu propio camino.

Esa Visión será tu brújula. Tu impulso. Tu voluntad libre. Y eso es justo lo que vamos a explorar en el próximo capítulo.

Capítulo 6

LIBERTAD DE LA VOLUNTAD

"Elige una meta digna y deja que cada acto sea un paso hacia ella. Quien vive sin dirección, es arrastrado por cualquier viento".
Séneca (adaptado)

¿Crees que al sistema le interesa que tengas un camino a seguir? ¿Que tengas objetivos propios?

Por supuesto que no. Ellos quieren ser tus pastores, y para ello, tú no puedes tener dirección propia.

Prefieren que sigas a la masa, que estés adormecido, que te mantengas desconectado de tu visión y de tu propósito.

Quieren que compres el éxito prefabricado que te venden, para que seas como ese burro a quien le ponen la zanahoria delante para que avance en la dirección que sus amos quieren.

Ahora que ya hemos aprendido cómo podemos ser los soberanos de nuestra mente y de nuestro mundo emocional, es momento de hablar del tercer centro de nuestra consciencia: el elemento de la acción y la voluntad.

En mi experiencia, las acciones de la mayoría de las personas tienen tres grandes problemas. Por un lado, está el problema fundamental: la falta de dirección, intención y sentido.

Por otro lado, está la falta de coraje y de disciplina para llevar a cabo las acciones que son correctas, tanto para el bien de uno mismo como para el bien de los demás. Vamos a ver cómo solucionarlo en este capítulo.

SIN VOLUNTAD NO HAY TRANSFORMACIÓN

La acción es el puente entre el mundo interior (mente y emociones) y el exterior (realidad física). Ningún cambio en el mundo real puede llegar si falta el componente de la acción.

Y este es uno de los grandes problemas en el mundo del desarrollo espiritual: se habla mucho de la transformación interior, pero muy poco sobre las acciones.

¿Y sabes por qué? Porque la espiritualidad mainstream se ha convertido en una comodidad más para anestesiarte. Y decirte que debes tener coraje para tomar acciones en el mundo real, no es cómodo.

Sin embargo, la verdadera iluminación espiritual también consiste en actuar para avanzar hacia la dirección correcta. Es entonces cuando logras la coherencia entre pensamiento, emoción y acción. Y entonces te conviertes en alguien sabio, porque...

La sabiduría consiste en las acciones que tomas con el conocimiento que tienes.

Aunque sepas mucho y tengas un corazón despierto, si te falta el componente de la acción no eres peligroso para el sistema, no eres un auténtico soberano.

Porque la élite actúa constantemente. Sus agendas no se quedan sólo en ideas o intenciones, sino que se plasman en políticas reales. Ellos entienden que la acción es indispensable.

En este sentido, debemos aprender de ellos. Para ser libres, no basta con tener buenas intenciones. La voluntad es requerida para ganar en esta guerra espiritual.

QUÉ NO ES LA LIBERTAD DE LA VOLUNTAD

Antes de entrar en el tema, es crucial que entiendas que la libertad de la voluntad no consiste en hacer lo que te da la gana. Nada más lejos de la realidad. Porque, como dijo Montesquieu:

"La libertad consiste en hacer lo que debo hacer"

La libertad completa no es libertinaje. El libertinaje implica creer que la libertad no tiene límites, que la realidad no tiene reglas y que, por tanto, tienes derecho a pisotear la libertad de los demás. Es creer que la libertad puede existir sin la verdad.

Y eso no es libertad ni nada parecido.

De hecho, quien necesita agredir a otros para sentirse libre, o quien cree que entregándose a sus instintos más básicos lo es, está completamente equivocado. Le falta lo más esencial: la libertad íntima.

Quien busca la libertad sin antes buscar la verdad, no hará más que seguir siendo esclavo.

La libertad completa incluye el deber de alinearse con el Bien. La vida nos pide que elijamos un propósito, una meta con significado, un deber.

Al contrario de lo que nos quieren hacer creer, dedicar nuestra vida a una causa que requiere esfuerzo es lo que nos hace más libres. Como dijo Viktor Frankl:

"Los seres humanos no necesitamos vivir en un estado perpetuo de calma y no tensión, sino que necesitamos el esfuerzo y el conflicto que surgen cuando nos dirigimos hacia una meta con sentido."

LOS ENEMIGOS DE LA VOLUNTAD

Lo primero que vamos a hacer es exponer a los principales enemigos de la voluntad. Aquellos obstáculos que nos impiden ser verdaderamente libres en cuanto a nuestras acciones.

Estos enemigos evitan que actuemos alineados con nuestra mente y emociones, generando una incoherencia que nos desgasta.

Y sí: todos estos enemigos de la voluntad que te expondré a continuación están fomentados por los dueños del sistema.

Es decir, la élite conoce nuestra mayores debilidades, y promueve al máximo todo lo que nos puede hacer caer en ellas.

Mientras caigamos en estos obstáculos, seremos incapaces de avanzar hacia nuestro propósito, y mucho menos de contribuir al bien de la humanidad.

Vamos a indagar en cada uno de los adversarios de la libertad de la voluntad a continuación.

LA FALTA DE VISIÓN

Este es el enemigo más profundo. No tenemos ni idea de qué va esto que llamamos vida. Vamos sin brújula, sin dirección, sin sentido. Todo esto nos lleva a la crisis existencial.

Cuando no tienes un rumbo, es muy fácil que te manipulen. Porque todos necesitamos cierto sentido en nuestra vida, y si no lo sabemos encontrar por nosotros mismos, los tiranos nos ofrecerán un sentido que no será nuestro, sino el suyo. Sin saberlo, seremos marionetas al servicio de *sus* objetivos.

Por supuesto, el sistema te vende que no tener dirección es algo *cool*. "Hay que fluir", "No te preocupes", "Todo saldrá bien", "Deja que nosotros cuidemos de ti", "Nosotros sabemos lo que es mejor para todos". ¿Te suena?

Pero cuidado: tener objetivos tampoco es garantía de soberanía. La mayoría persigue metas prefabricadas: riqueza, fama, apariencia, estatus. No son verdaderas visiones, sino simples exigencias del ego disfrazadas de propósito.

Se centran en el tener, no en el ser ni en el hacer. Y así es como el sistema te tiene cogido: con una ambición hueca que alimenta tu dependencia del mundo exterior.

Por otro lado, muchos han reaccionado a este modelo superficial negando el valor del deseo y la ambición.

Se refugian en filosofías que predican la renuncia al propósito, el fluir sin rumbo, el "carpe diem" mal entendido. Y así caen en el otro extremo: la apatía disfrazada de espiritualidad.

Ambos caminos —el culto al objetivo vacío y la negación del deseo— te alejan de la verdadera libertad.

Tu verdadera dirección debe nacer del alma, no del ego. Una visión elevada es aquella que te transforma como ser humano y sirve al mundo al mismo tiempo.

No se trata de "tener más", sino de convertirte en quien has venido a ser. Ese es el verdadero camino del soberano: una vida con propósito, intención y coraje.

Después veremos cómo alinearte con una vida así.

EL PLACER INMEDIATO (LA DROGA DEL ESCLAVO)

El segundo de los grandes enemigos de la voluntad es el placer instantáneo, es decir, todas aquellas actividades o sustancias que nos proporcionan una satisfacción inmediata, pero que luego no nos aportan nada.

De hecho, este tipo de placer instantáneo suele ser muy destructivo a medio y largo plazo. Me estoy refiriendo a todo tipo de prácticas muy comunes en nuestra sociedad moderna, como:

- Comida chatarra
- Pornografía
- Vídeojuegos
- Redes sociales
- Apuestas
- Drogas
- Entretenimiento en general

Todas ellas son formas de gratificación instantánea que nos dan un pico de placer al momento, pero que no producen ninguna diferencia positiva en nuestra vida y terminan generando una adicción que nos convierte en esclavos.

El sistema ha hackeado nuestros circuitos naturales de recompensa con sustancias y actividades diseñadas artificialmente para mantenernos enganchados. Las mencionadas anteriormente son buenos ejemplos de ello.

Esto está generando la animalización del ser humano. En lugar de ser individuos que nos movemos por principios y valores, cada vez nos movemos más únicamente por el placer. Y cuando el placer es lo único que guía tu vida, dejas de ser libre: te conviertes en un títere.

Cada vez perdemos más nuestras facultades humanas y nos convertimos en animales domesticados. Y para quienes sueñan con que el mundo sea una granja dirigida por ellos, esto es perfecto.

¿Crees que es casualidad que, en la época donde el placer está más disponible que nunca, los problemas de salud mental estén disparados?

No, no lo es. Neurocientíficos como Andrew Huberman ya lo han advertido: la búsqueda constante de placer a corto plazo conduce al dolor a medio y largo plazo.

Y cuando nos sentimos mal, ¿qué hacemos? Pues buscamos más placer. Y así entramos en un círculo vicioso del que es difícil escapar.

Esto ya lo anticipó Aldous Huxley en su novela *Un mundo feliz*, donde la población estaba controlada no mediante el castigo, sino mediante el placer.

Les daban una droga llamada *Soma*, una sustancia que eliminaba cualquier emoción incómoda. Nadie protestaba. Nadie se rebelaba. Nadie pensaba.

El *Soma* moderno no viene en pastillas: se disfraza de likes, pornografía, entretenimiento vacío y comida basura. Pero cumple la misma función: adormecer tu alma para que nunca actúes con voluntad.

Ese es el verdadero propósito del placer inmediato: anestesiar tu conciencia para que nunca reacciones, nunca pienses y nunca te conviertas en un ser humano libre.

LOS VICIOS (O CÓMO SER TU PROPIO ENEMIGO)

Podrías pensar que los vicios son lo mismo que el placer inmediato. Y sí, están relacionados, pero no son exactamente lo mismo.

El placer inmediato es el impulso, el estímulo fácil que te proporciona una recompensa instantánea: un chute de dopamina que dura poco y te deja vacío.

En cambio, el vicio es cuando ese impulso se convierte en costumbre. Cuando lo has repetido tantas veces que ya no necesitas decidir hacerlo: tu cuerpo lo ejecuta solo.

Un vicio no es algo que haces: es algo que te hace a ti. Es una rutina que toma el control y te convierte en su esclavo.

Y si hablamos de esclavitud interior, vale la pena recordar uno de los mapas más antiguos del alma humana: los siete pecados capitales. O mejor dicho, los siete vicios capitales.

Porque eso es lo que son: patrones autodestructivos que destruyen tu voluntad, tu claridad y tu poder personal. No vas a *ir* al infierno cuando mueras por caer en ellos.Vas a *crearte* un infierno en vida al entregarte a ellos.

1. **Lujuria** – cuando buscas placer sexual sin consciencia, dejando tu energía vital por el suelo.

2. **Gula** – cuando comes o consumes sólo por placer, ansiedad o vacío emocional.

3. **Avaricia** – cuando acumulas por miedo, creyendo que tu valor depende de lo que tienes.

4. **Pereza** – cuando sabes lo que tienes que hacer… y no lo haces.

5. **Ira** – cuando reaccionas sin control, entregando tu energía al caos.

6. **Envidia** – cuando ves en el otro una amenaza, en vez de una fuente de admiración.

7. **Soberbia** – cuando crees que no necesitas aprender más, y te desconectas de la verdad.

No hace falta ningún sermón para entenderlo: estos vicios te sabotean. Te vuelven débil, disperso y manipulable.

No me interesa si te parecen buenos o malos desde una perspectiva moral. No te estoy diciendo lo que puedes o no puedes hacer. Haz lo que quieras. Pero asume esto:

Que seas libre de hacer lo que quieras no significa que seas libre de las consecuencias.

Los vicios no te condenan a un castigo divino. Te condenan a una vida mediocre. Y lo más importante: te impiden ser verdaderamente libre.

EL TEMOR (O EL BLOQUEADOR DE TU CRECIMIENTO)

Ya hemos hablado de este gran enemigo del ser humano. El miedo o temor esclaviza nuestra voluntad porque nos hace mantenernos en nuestra zona conocida o zona de confort, alejándonos de las acciones que nos hacen verdaderamente libres.

Por eso, es el miedo el que bloquea nuestro progreso como seres humanos. Porque mientras seguimos apegados a lo antiguo, somos incapaces de crear algo nuevo.

Y no hablo de no tener precaución en la vida o de no ser estrategas, pero sí de que el miedo no sea el director general de nuestra vida a la hora de tomar decisiones.

Sobre todo porque, en la mayoría de los casos, el miedo es ilusorio. Tu mente se anticipa al futuro y proyecta los peores escenarios posibles, pero esos escenarios solo existen en tu imaginación. Como dijo Mark Twain:

"He tenido incontables problemas en mi vida. La mayoría de ellos nunca ocurrieron"

El problema con el miedo es que puede matarte en vida. Si dejas que te dirija, aniquilará tu alma. Más adelante veremos cómo no solo puedes superar el miedo, sino incluso usarlo como fuente de orgullo personal.

LA DISPERSIÓN DE LA ATENCIÓN

Vivimos en la era de la distracción masiva. Nunca antes había sido tan fácil perder el tiempo con tanta rapidez. Y nunca antes había sido tan peligroso.

Porque este no es un problema menor: la dispersión de tu atención es la amputación silenciosa de tu voluntad. Tu energía mental no es infinita. Tu capacidad de enfoque tampoco. Y lo saben.

Por eso el sistema ha construido una cultura diseñada para una sola cosa: robarte la atención. Noticias basura. Escándalos políticos. Series adictivas. Videos sin fin. Notificaciones constantes.

No es casual. Es un arma. Si no dominas tu atención, alguien más lo hará. Y quien controla tu atención, controla tu vida.

Cada vez que entregas tu atención a algo que no te acerca a algo bueno, bello y justo, estás perdiendo tus dos recursos más sagrados: energía y tiempo. Y lo peor es que lo haces voluntariamente.

La mayoría no ha entendido una verdad básica:

Tu atención es tu principal recurso estratégico. Lo que enfocas, crece, mejora. Lo que ignoras, muere, empeora.

ATENCIÓN ⇨ ENERGÍA ⇨ RESULTADOS

Tu atención es energía. Y necesitas energía para generar cambios en tu realidad.

Si dispersas tu atención, pierdes tu energía y, por tanto, no puedes generar resultados.

HA LLEGADO EL MOMENTO DE HABLAR DE LAS SOLUCIONES

Ahora ya hemos hecho un buen diagnóstico. Hemos identificado los factores que esclavizan nuestras acciones, convirtiéndonos en seres sin dirección, sin coraje y sin disciplina.

A continuación, te mostraré precisamente los antídotos a estos enemigos de la voluntad para que consigas completar tu soberanía interior: pensamientos, emociones y acciones.

Primero hablaremos de cómo encontrar una dirección verdadera en tu vida. Después, sobre cómo desarrollar el coraje para hacer lo que es bueno, correcto y justo.Y por último, cómo tener la disciplina para avanzar hacia los objetivos que te has planteado.

CÓMO DARLE UNA DIRECCIÓN CON SENTIDO A TU VIDA

La gente comete un error muy claro cuando busca una dirección en su vida. Buscan *su* sentido de vida. Sus objetivos puramente egoístas.Y esto genera una enorme insatisfacción en el medio y largo plazo.

Además, el sistema se asegura de tener a personas que sólo piensan en sí mismas y, por tanto, son muy fáciles de comprar por parte de los Estados y las grandes corporaciones.

La clave para salir de este error está en la siguiente frase del gran Emilio Carrillo:

"Para encontrar el sentido de *tu* vida, antes debes conocer el sentido de *la* vida."

Cuando comprendemos el sentido de la vida, entonces podemos construir un sentido propio que esté alineado con él. De esta forma, obtenemos mayor bienestar, paz y libertad, tanto para nosotros como para el colectivo humano.

Por el contrario, si —conscientemente o no— nos colocamos en contradirección al sentido de la vida, viviremos una existencia de sufrimiento y esclavitud. Y además, estaremos contribuyendo a un mundo muy alejado del que realmente deseamos.

Cuando observamos el universo, nos damos cuenta de que la vida es pura expansión, crecimiento y evolución.

La teoría del Big Bang postula que, al principio, había un punto primordial y singular que empezó a expandirse… y que sigue expandiéndose. Todo lo que existe surgió de ese punto.

Por tanto, el universo es un movimiento que va de dentro hacia fuera, es un acto de expansión y expresión.

¿Y qué es el amor, sino eso mismo? Entregar a otros, con generosidad, lo que llevamos dentro.

El problema de muchas personas —y hoy más que nunca— es que, en lugar de preguntarse qué pueden dar y ofrecer, se centran en lo que necesitan recibir.

Solo piensan en servirse a sí mismos. ¡Pero así no funciona el universo! ¡Así no funciona la vida!

Es normal que nos vaya mal con esta mentalidad egocéntrica.

Después, muchos se extrañan de tener depresiones o de sentirse vacíos. O de que el mundo se encuentra en el estado en el que está.

Pero es lógico: en lugar de ver la vida como una oportunidad de servir, solo estamos mirando hacia nosotros mismos.

Al igual que las células de nuestro cuerpo cooperan para que todo funcione, la clave es concebirte como una célula más de la comunidad humana. Como dijo Buckminster Fuller:

"La finalidad de nuestra vida es añadir valor a la gente de esta generación y de las siguientes."

La paradoja es que cuando dejamos de mirar tanto por nosotros mismos y empezamos a enfocarnos en contribuir a algo más grande, experimentamos más felicidad.

Eso sí, aunque el sentido de la vida es general, cada uno de nosotros tiene un propósito particular que queda incluido en él: la Visión del Ser.

LA VISIÓN DEL SER

A nuestro sentido de vida particular yo le llamo la Visión del Ser. Porque, en mi experiencia, esta visión de lo que queremos expresar con nuestra vida viene en forma de imágenes, y procede de la parte más elevada de nosotros mismos: el Ser o el Yo Superior.

Es lo que comúnmente se llama "tener un sueño". Aunque hay sueños más elevados que otros, está claro, y es importante saber diferenciarlos.

La principal diferencia entre la Visión del Ser y una visión que procede del Yo Inferior (que llamaremos Visión del Tener) es que la primera va de dentro hacia fuera, y la segunda va de fuera hacia dentro.

VISIÓN DEL SER	VISIÓN DEL TENER
Procede del Yo Superior	Procede del Yo Inferior
Expresar y ofrecer	Conseguir y absorber
Es dinámica, un proceso	Es estática, un resultado
Autorrealización	Logros externos

Conectar con mi Visión del Ser fue uno de los factores que más cambió mi vida, ya que esta se convirtió en un motor que impregna todos mis días y me da fuerza y entusiasmo para todo.

Esa sensación de propósito te da una plenitud que es irreemplazable. Te hace fuerte, independiente de lo que ocurra a tu alrededor, y le da sentido a tu vida.

Es la mayor fuente de autorrealización, ya que estás convirtiendo en real la versión de ti mismo que ya existe en un plano espiritual.

En mis programas de acompañamiento, ayudo a las personas a conectar con su Visión del Ser personal. Aunque es algo muy íntimo y que debe abordarse de forma individual, aquí te ofrezco una serie de preguntas que pueden ayudarte a reflexionar al respecto:

1. ¿Qué querría hacer con mi vida si no tuviera la necesidad de ganar dinero?

2. ¿Qué es lo que me atrae desde que era un niño pequeño?

3. ¿Qué se me da mejor que a los demás de forma innata y natural?

4. ¿Qué legado me gustaría dejar para las próximas generaciones?

5. ¿A qué personas admiro y cuáles son las cualidades que me gustaría tener de ellas?

Al hacerte estas preguntas, estarás empezando a hacer espacio en tu mente para que, poco a poco, tu Visión del Ser se vaya revelando en ti. Ten paciencia y mantén viva tu intención.

VISIÓN DEL SER + VISIÓN DEL TENER

Y la Visión del Tener, ¿qué función tiene en todo esto? ¿Tienes que rechazar tu ambición de conseguir cosas del mundo, tus ganas de *recibir* en lugar de dar?

No, por supuesto que no debes negar estos deseos que proceden de tu parte más "inferior" o material de ti mismo. La clave está en *supeditar* la Visión del Tener a la Visión del Ser.

Es decir, pregúntate primero qué quieres ser, dar y ofrecer, y después qué quieres recibir del mundo.

Está muy bien que quieras conseguir una pareja, una casa, un coche o lo que decidas. Pero recuerda que la Visión del Tener sin una Visión del Ser que la acompañe, solo te hará sentir más vacío.

Por tanto, mi mensaje es que unas las dos visiones en una, que encuentres la manera de que avanzando en tu Visión del Ser, también vayas cumpliendo tu Visión del Tener como resultado.

Eso es posible. No tienes que elegir entre una cosa u otra. Puedes combinar las dos. Si lo haces con inteligencia, a medida que cumples lo que tu Yo Superior te está pidiendo, también podrás ir cumpliendo con lo que te pide tu Yo Inferior.

Y no: si tu Yo Inferior te pide 10 mansiones, 100 coches de lujo y 5 jets privados... El problema es que te han ensuciado el cerebro haciéndote creer que necesitas todo eso.

El Yo Inferior, de forma natural, busca la abundancia, pero no la ostentación ni la acumulación porque sí.

¿Tienes claro quién quieres llegar a ser? Pues ahora toca tomar acción. Para ello, te he preparado un ejercicio que te resultará revelador. Se trata de escribir una carta a tu Yo del Futuro.

Sí, sí, entendiste bien. Una carta que te escribes hoy donde describas cómo te sientes hoy, qué es lo que te limita, los bloqueos que te impiden ser libre y los objetivos que te propones alcanzar en tu camino hacia la soberanía personal.

Tú decides cuándo quieres recibir tu carta, puede ser dentro de 3, 6 o incluso 9 meses. ¡Verás cómo te sorprendes cuando la recibas!

https://esc.anea.me/rc_10

Ahora bien, es muy diferente saber lo que tienes que hacer y realmente acabar haciéndolo. En nuestra sociedad nos falta mucho coraje y disciplina para hacer lo que debemos hacer.

Hablamos sobre la solución a esto a continuación.

VENCER EL MIEDO A TRAVÉS DEL CORAJE

Es evidente que al querer acercarte a tu Visión, surgirán obstáculos en forma de miedos profundos. La mayoría tienen que ver con el miedo al fracaso, al rechazo, a sentirte insuficiente.

Ahora quiero compartir contigo algunas de las herramientas de mentalidad que me han permitido superarlo muchas veces en mi vida.

De entrada, cabe aclarar lo siguiente:

El coraje no es la ausencia de miedo, sino la trascendencia del miedo por algo que es más importante que el mismo.

Esto es clave. Si no tienes claridad sobre qué hay detrás de tu miedo, si no sabes por qué estás luchando de verdad, no encontrarás el coraje.

Eso sí: el coraje requiere un compromiso con el Bien. Una acción que hace daño a otro, aunque supere un miedo, no es valiente. Es cobarde.

Cometer actos inmorales no es valentía. Es miedo, disfrazado de poder. Porque solo el miedo nos lleva a iniciar actos de violencia contra los demás.

Hablaremos de ética más adelante, pero es importante que comprendas esto ahora: el coraje va más allá de lo personal.

No solo lo necesitas para acercarte a tu Visión. También lo necesitas para defender lo correcto y justo en un mundo que, cada vez más, se está volviendo loco.

DESARROLLA TU CONFIANZA EN LA VIDA

La confianza en un orden superior te ayuda a superar miedos. Porque tienes la intuición de que, enfrentando tus miedos, recibirás algún tipo de recompensa.

Sin esta mentalidad de que vas a ganar algo al enfrentar tus miedos, es muy difícil no rendirse a la tentación de mantenerte en tu zona de comodidad.

Esta fe o confianza en la vida te da una fuerza de espíritu inigualable. Recuerda lo que nos decían los antiguos:

La fortuna favorece a los valientes.

Es parecido a lo que comentamos en el Capítulo 1: céntrate en lo que depende de ti más que en el resultado.

Depender de un resultado externo genera miedo, pero sostenerte en un resultado interior que depende totalmente de ti, genera seguridad y fe. Y no tiene por qué ser una fe religiosa.

Simplemente, la fe es una expectativa positiva de futuro, mientras que el miedo es una expectativa negativa de futuro.

La clave está en que utilices estrategias mentales para colocarte en un estado de fe sobre tu futuro, de una certeza de que al actuar a pesar del miedo *ganarás mucho más de lo que puedes perder*.

En mi caso, siempre uso el mismo mantra: "O ganas o aprendes a ganar". Esto me sirve para comunicar a mi mente que, al enfrentar mis miedos, siempre habrá una ganancia para mí, ya sea a corto plazo o a largo plazo.

APRENDE A DECIR QUE NO

Para tener coraje, necesitas la capacidad de decir que no. Ser soberano de tu voluntad es incompatible con querer quedar bien con todo el mundo.

Para mantenerte en tu camino, tienes que estar dispuesto a que otros te juzguen. Pero tú tienes derecho a rechazar lo que no te sirve. Solo faltaría.

¿A ti te gustaría que alguien estuviera contigo solo para quedar bien? ¿O preferirías que fuera sincero y te dijera que, simplemente, no quiere?

Yo lo tengo claro. Así como no me gusta forzar a nadie a hacer lo que no quiere, tampoco pienso hacerlo conmigo mismo.

Porque…

La peor traición es la traición a los compromisos contigo mismo.

Porque la palabra NO es sagrada. Es la que evita que otros abusen de ti. Es la que evita que caigas en tentaciones, vicios y distracciones.

Porque para tener coraje y disciplina, muchas veces es más importante lo que *dejas* de hacer que lo que *empiezas* a hacer.

LA EUDAIMONÍA COMO LA BASE DE LA DISCIPLINA

Hemos hablado muy mal del placer momentáneo, pero quiero dejar claro que, para mí, el placer no es algo malo. No creo en la típica visión judeocristiana de negar el placer. Si existe, es por algo.

Es lo de siempre: el placer es malo si se canaliza mal. El placer es bueno si se canaliza correctamente.

Creo que el placer es parte de nuestro ser animal y que, si se canaliza bien, puede ser un motor para nuestro crecimiento. Nos ayuda a sobrellevar mejor la vida, ya que es un aliciente que nos permite experimentar sensaciones agradables.

Pero también creo que el placer y la comodidad no pueden ser el Sol sobre el que orbitamos.

El problema con el placer es que, desde muy pequeños, se nos instala la falsa creencia de que equivale a felicidad. Pero esto no es así.

En la antigua Grecia ya se sabía que lo que conducía a una satisfacción completa (lo que Aristóteles llamó eudaimonía) era la práctica de la virtud.

Traducido al idioma moderno, esto significa que la verdadera satisfacción proviene del crecimiento hacia la versión más elevada de nosotros mismos: el cumplimiento progresivo de nuestra Visión del Ser, que conduce a nuestro florecimiento como seres humanos.

Es decir, la eudaimonía es una forma de vida que implica la realización de nuestro potencial humano y el logro de nuestras metas más profundas.

Esto quiere decir que para el ser humano no puede haber satisfacción profunda a través del placer, sino únicamente a través del crecimiento, del trabajo personal, de pulir nuestros defectos y desplegar nuestras virtudes.

Una vez más, comprobamos que la clave de la realización humana está en vivir de dentro hacia fuera, y no al revés, como hace la mayoría.

PON AL PLACER A TRABAJAR PARA TI

La búsqueda de la eudaimonía debería ser el verdadero Sol en torno al cual gire nuestra vida. Y los placeres momentáneos deberían ser los satélites: complementos.

Desde la eudaimonía podemos poner el placer a trabajar para nosotros. ¿Cómo? Proporcionándonos placer como recompensa por estar acercándonos a nuestra Visión del Ser.

De esta forma, educamos a nuestro cerebro primitivo para que le apetezca hacer lo que nosotros realmente queremos. Es muy parecido a cómo se entrena a un perro: reforzando con recompensas.

Usar el placer como premio hace que el camino hacia tu Visión sea mucho más sostenible, porque te permite disfrutar del proceso.

Esto es clave, sobre todo al principio, cuando estás haciendo una transición de una mentalidad cortoplacista a una enfocada en el largo plazo.

LA LEY DE LA INERCIA: EL SECRETO DE LA DISCIPLINA

Esta ley nos dice que un cuerpo en movimiento tiende a mantenerse en movimiento, mientras que un cuerpo inmóvil tiende a mantenerse inmóvil.

Cuando un cohete despega, la energía que consume es brutal. Pero una vez ha salido de la atmósfera, ya casi no necesita combustible porque se mantiene ahí, suspendido. Por lo tanto...

Lo fundamental es arrancar con la acción. Ponerte en marcha y coger inercia. No lo pienses tanto y empieza.

Puedes recurrir a la *regla de los dos minutos:* todo lo que queramos hacer se puede transformar en una acción de dos minutos.

Por ejemplo, para escribir este libro me puedo plantear escribir un párrafo. Y una vez he escrito ese párrafo, ya he conseguido arrancar y entonces ya me sale más a cuenta continuar escribiendo que parar.

La inercia lo es todo.

ACEPTA EL ESFUERZO: LA VERDAD SOBRE LA DISCIPLINA

El esfuerzo no se puede evitar, solo posponer.

Por ejemplo, puedes evitar el esfuerzo de hacer ejercicio hoy, pero en el día de mañana tendrás que esforzarte para lidiar con las consecuencias de un cuerpo débil.

Vivir esforzándote no es fácil. Pero es más fácil que vivir con las consecuencias de no esforzarte.

El sistema nos ha hecho creer que nuestras acciones no tienen consecuencias. Que el Estado se encargará de nosotros si seguimos obedeciendo. Que da igual si no cuidamos la salud, porque la farmacéutica de turno ya nos dará una pastilla milagrosa.

No te dejes engañar. Esfuérzate para ser soberano. Paga el precio de tu libertad, interna y externa. Rompe resistencias, encuentra tus límites. El esfuerzo es parte de la vida. Acéptalo. Ríndete ante él y verás que…

Pocas veces eres tan libre como cuando decides esforzarte por algo que tiene valor.

LA VOLUNTAD ES SAGRADA

Ahora ya tienes el suficiente conocimiento como para liberar tu voluntad de los ataques del sistema. Pero quería acabar este capítulo remarcando que la acción es mucho más que perseguir tus propias metas.

Se trata de actuar con coherencia a lo que es bueno, bello y justo. Se trata de actuar alineado con la verdad.

El mundo no es como nos gustaría. El ser humano es esclavo. Sigue habiendo guerras. Hay niños que pasan hambre. Y todo esto ocurre porque seguimos viviendo en ignorancia.

Necesitamos más personas que participen de verdad, con acciones reales, en la creación de un mundo mejor.

Porque aquí no hay neutralidad: o estás haciendo algo para mejorar el mundo o lo estás empeorando con tu inacción.

¡Pero ojo! Hay otro error que muchos cometen: ponerse a mejorar el mundo sin saber cuáles son los problemas reales que existen.

Son como bomberos que tienen todas las buenas intenciones del mundo, pero están tirando gasolina al fuego, en lugar de agua.

Y es porque no han reconocido aún que la verdadera solución a los problemas del mundo es una solución espiritual. Lo veremos en la siguiente parte del libro.

PARTE III

SOBERANÍA ESPIRITUAL

Capítulo 7

RE-EVOLUCIÓN ESPIRITUAL

"Si la revolución no es para el espíritu, quedaros con vuestra revolución. El espíritu es el único revolucionario verdadero".

Blas Infante

Los humanos somos seres espirituales. Si no estamos conectados con una fuerza superior, empezamos a sustituirla con ídolos mundanos que nos apartan de lo que realmente somos.

A lo largo de la historia, las élites han pervertido nuestra relación con la espiritualidad, porque saben que un individuo verdaderamente espiritual es incontrolable.

Es por este motivo que han convertido la espiritualidad verdadera en religiones institucionalizadas que han servido como herramienta de control.

También es por eso por lo que promueven el ateísmo y el nihilismo, ya que estos te roban la brújula existencial y moral.

Y también es por este motivo que no cesan de pervertir enseñanzas espirituales a través de la New Age para hacerte más sumiso y controlable sin que te des cuenta.

En este capítulo vamos a abordar los 3 grandes engaños en relación a la espiritualidad que existen en el mundo moderno:

1. Religión institucionalizada

2. El nihilismo ateo

3. La espiritualidad New Age

Aquí no se escapa nadie. Así que si la verdad te ofende, vuélvete a repasar el Capítulo 5 porque lo vas a necesitar.

LA RELIGIÓN INSTITUCIONALIZADA

Las religiones principales del mundo son uno de los mayores engaños de la historia de la humanidad. Hablo, sobre todo, de las tres grandes religiones monoteístas: el islam, el judaísmo y el cristianismo.

La palabra religión procede del latín *re-ligare*, que significa algo así *atar*. ¿Y qué es lo que atan las religiones? Pues el desarrollo de la consciencia. El descubrimiento de la verdad. Porque las religiones son sistemas de creencias dogmáticos.

Y es que, como dijo Carl Gustav Jung:

"Una de las principales funciones de la religión organizada es proteger a la gente de una conexión directa con Dios"

Y es que no hay que ser muy listo para darse cuenta de que la religión te vende la idea de que necesitas intermediarios entre tú y Dios.

Te dicen que necesitas un sacerdote, una iglesia, un ritual... porque así dependes de ellos. Y, al depender de ellos, pueden influir en tus acciones como si fueran Dios.

Toda esta jerarquización en las religiones establecidas no tiene ningún sentido. Quién crea que Dios querría este tipo de jerarquías, esta acumulación de poder en pocas manos, esta supuesta superioridad moral de los jefes de las religiones, esta "autoridad"... es que no entiende qué es Dios ni la verdadera espiritualidad.

En definitiva, la religión lo único que busca es controlar tu mente para mantener el *statu quo*. Son una parte fundamental del sistema de esclavitud.

De hecho, durante muchos años ha formado lo que algunos autores llaman la Trinidad del Mal, junto con el Estado y el sistema monetario.

¿Cómo consiguen ese control de las personas? Pues mediante la manipulación de su mente y emociones.

Tú ya eres un experto en todo ello, pero vamos a explicar las principales herramientas que usan las religiones organizadas:

La culpa

Usan el pecado original para decirte que eres malo. Y, como explicamos en el Capítulo 5, cuando consigues que alguien se sienta culpable por ser lo que es, entonces tienes el poder de manipular su comportamiento diciéndole lo que debe hacer para redimirse.

En este caso, las religiones te dicen que debes someterte a sus dogmas y a su autoridad para ganarte "el perdón de Dios". Es decir, que debes entregarles tu poder de conectar con Dios por ti mismo.

El miedo al castigo

Te dicen que Dios te creó y te ama pero que le debes obediencia o irás al infierno. Esto, evidentemente, no se sostiene por ningún lado. Un Dios amoroso nunca haría eso.

Creo que no hace falta decir mucho más, simplemente que buscan tu obediencia mediante el miedo al castigo, es decir, el miedo a ir al infierno. Y además lo combinan con el premio de ir al cielo.

El deseo del premio

Te alejan de la verdad en el aquí y ahora, diciéndote que te espera el gran premio después de morir. Esta promesa tiene dos objetivos: por un lado, sirve como una válvula de escape. Si nos aseguran que después de morir viene la *verdadera* vida, entonces menospreciamos esta vida, desconectándonos de la realidad.

El otro objetivo es que, prometiéndote el cielo, las religiones te pueden decir lo que debes hacer para ganártelo. ¿y sabes lo que tendrás que hacer? Obedecer sus órdenes. Seguir en la secta.

Reinterpretación moral

Personalmente creo que la mayoría de las sagradas escrituras tenían un origen espiritual, pero fueron corregidas, recortadas y reinterpretadas para que sirvieran como una herramienta más de control a la clase gobernante.

Así, se sustituyó el verdadero núcleo de espiritualidad por una falsa moral cuyo único objetivo es la obediencia a las autoridades políticas, económicas y religiosas.

La trampa del salvador

Las religiones te prometen que vendrá un salvador externo a acabar con los males del mundo. Que lo único que tienes que hacer es esperar. Esto se hace para conseguir que sigamos siendo pasivos y entreguemos nuestro poder interno a factores externos.

En los últimos 200 años, la evolución del pensamiento lógico y racional, unido a los escándalos de la Iglesia y a los avances científicos que, aparentemente, niegan la existencia de una realidad más allá de la materia, nos ha llevado a caer en las garras del ateísmo.

Pero el ateísmo es otro tipo de religión, en el sentido de que es otro sistema de creencias dogmático que impide la conexión con la realidad. Vamos a analizarlo a continuación.

EL ATEÍSMO

El ateísmo se vende como una creencia opuesta a la religión. Pero no lo es. Es una religión más, aunque no implique a Dios, porque es un sistema de creencias dogmáticas que está de espaldas a la realidad.

El ateísmo tiene buena prensa porque parece más racional que la creencia en una inteligencia superior y, además, da una apariencia de libertad. De que podemos hacer lo que nos dé la gana porque no hay un estándar moral al que ajustarse.

Esta es la clave: la mayoría de personas se vuelven ateas porque rechazan el falso estándar moral de las religiones. Pero en lugar de buscar el *verdadero* estándar moral, ¡asumen que no existe la moralidad!

Y al eliminar el estándar moral de la sociedad, ¿qué está ocurriendo? Que cada vez estamos manifestando un mayor caos, esclavitud y decadencia.

Porque en lugar de separar la religión de la verdadera espiritualidad, lo que hemos hecho es tirarlo todo por la borda. Es esa famosa expresión que dice:

"No tires al bebé junto con el agua de la bañera"

Ese es el gran error del ateísmo. Es un movimiento reaccionario, que niega todo pero no propone nada de valor, dejándonos a merced del nihilismo existencial, que es la gran enfermedad de nuestro tiempo.

De hecho, el ateísmo siempre trabaja en conjunto con el materialismo y el cientificismo.

El materialismo defiende la idea irracional de que lo material es lo único que existe en realidad.

Y el cientificismo es un dogma que defiende que la *ciencia oficial* (subvencionada y promocionada) es la única manera de acceder a la verdad.

Vamos ahora a analizar los principales postulados del ateísmo nihilista, y cómo se usan para manipularnos y someternos, una vez más, al poder establecido.

Porque el ateísmo aparenta rebeldía, pero te aseguro que la clase gobernante se frota las manos cada vez que alguien se vuelve ateo.

Aquí te explico por qué el ateísmo es otra herramienta de control que no se ajusta con la verdad:

Las 3 armas del nihilismo

Negación de lo trascendente

Defiende que la realidad material es lo único que existe. Y que la vida no tiene ninguna intención o propósito. Por tanto, que las ideas abstractas como la justicia son simples entelequias inventadas por el ser humano.

Al evitar que conectemos con las leyes ocultas del mundo espiritual, nos despojan de todo poder para generar el cambio, ya que la realidad material es la consecuencia de la realidad espiritual.

Relativismo moral

Te dicen que no existen el bien y el mal objetivos, sino que son construcciones sociales. Esto impide que nos comprometamos con la búsqueda del bien, y evita que nos alineemos con él.

Por tanto, esto abre las puertas a la esclavitud, a las guerras, a las justificaciones de todo tipo de actos inmorales. Sin una moral superior que nos sirva de brújula, lo único que queda es la ley del más fuerte.

Desprecio del valor humano

Si te dicen que el universo surgió por azar, entonces tú también eres una casualidad o, más bien dicho, un accidente. Esto hunde tu autoestima espiritual y te condena a la religión del absurdo, reduciendo tu poder personal y convirtiéndote en alguien totalmente sumiso e inofensivo.

Esta cosmovisión te hace creer que eres mucho menos de lo que en verdad eres. Te limita a creer que eres un animal más, cediendo a vivir por tus instintos más bajos en lugar de desarrollar tus capacidades más elevadas, que son precisamente las que te hacen más libre y rebelde.

Sometimiento al poder

La naturaleza aborrece el vacío. Al negar la espiritualidad y los estándares objetivos, los sustituimos por falsos ídolos como el estatus, el dinero, las posesiones, o nuestro propio ego.

Si dejamos de tener en cuenta los principios que proceden de la divinidad, entonces los que *quieren convertirse en Dios en la Tierra* tienen vía libre para imponer sus propias leyes totalmente subjetivas y esclavizantes.

Aunque el ateísmo está muy presente en nuestra sociedad, hay muchas personas que siguen en la búsqueda espiritual. Y eso es porque los seres humanos necesitamos de espiritualidad, ¡porque somos seres espirituales!

Pero, al haber descartado la religión tradicional, muchas personas están cayendo en la nueva religión que está promoviendo la élite: la New Age.

LA "NUEVA" RELIGIÓN NEW AGE

Ya te he advertido. Aquí tengo a repartir para todos. La New Age es una especie de cajón de sastre que contiene diversas enseñanzas y prácticas espirituales que normalmente no se identifican con las instituciones religiosas tradicionales.

La New Age es una de las herramientas de control más potentes en la actualidad. Es muy tentadora: te permite ser espiritual a la vez que moderno. Y, como toda buena mentira, tiene componentes de verdad. Pero es un caramelo envenenado.

Te lo digo por experiencia propia. Yo caí en las principales creencias de la New Age durante varios años. Hasta que, con todo lo que pasó en 2020, empecé a detectar muchas inconsistencias lógicas que provocaron que, poco a poco, me fuera desprogramando de los dogmas de esta religión.

La New Age es tan popular porque es una especie de *fast food* espiritual. Ofrece verdades profundas en versiones superficiales, reduccionistas, sin matices.

Y lo que suele provocar son personas que se evaden de este mundo a través de la "espiritualidad".

Y es que, la élite sabe muy bien que las personas con sed de espiritualidad son las más peligrosas para su sistema de control.

Es por eso que nos dan una espiritualidad falsa, una luz artificial, que evita que conectemos con la verdadera espiritualidad.

La New Age es el último callejón sin salida antes de conectar con la mina de oro de la verdadera espiritualidad.

A continuación te detallo los principales dogmas de la New Age, y cómo son usados para mantener el control sobre la sociedad. Sobre todo, la New Age se caracteriza por la resignación y la sumisión al poder establecido, disfrazados de "iluminación":

"Ignora lo negativo"

Te quieren convencer de que das poder a algo por el simple hecho de poner tu atención en ello y de conocer su existencia. Y que, por tanto, nunca deberías prestar atención a lo negativo, porque si lo haces, lo negativo crecerá.

Es una autojustificación para no enfrentar la incomodidad de lo que va mal en tu vida y en el mundo. Es un autoengaño para justificar la ignorancia.

Es evidente que la clase gobernante usa este dogma para evitar la disidencia. Porque no mirar lo negativo significa que no somos capaces de identificar la raíz del problema, y que continuarán los abusos y las injusticias.

"Todo es perfecto"

Aquí te dicen que todo es perfecto, que todo está bien porque, de alguna manera, todo forma parte del plan de Dios.

Te dicen que no existe el libre albedrío y que, todo intento de querer cambiar las cosas es inútil. Y lo hace defendiendo el relativismo moral, ¡igual que los ateos! En este caso, se escudan en que la diferencia entre el bien y el mal es algo "dualista" que debe ser trascendido.

"Nunca juzgues"

Como la New Age defiende el relativismo total, no puedes distinguir una acción correcta de otra incorrecta. Si lo haces, es que estás "identificado con el ego". Nada más lejos de la realidad.

La verdadera espiritualidad incluye el desarrollo del discernimiento, como bien sabes. Lo que debemos hacer es aprender a juzgar en base a la verdad, no a nuestras percepciones. Si la élite logra eliminar el discernimiento moral, aceptaremos todas sus violaciones a nuestros derechos.

"La iluminación es siempre paz"

La New Age es una "espiritualidad" hedonista. Defiende que el objetivo de la espiritualidad es sentirse bien. Por tanto, sirve como anestesia emocional.

Te insisto en algo que ya aprendiste en el Capítulo 5: sentir rabia, tristeza o dolor ante la injusticia es sano, necesario y justo.

Porque la verdadera iluminación no te desconecta de la realidad, sino que te ayuda a transformarla.

Esta búsqueda de la felicidad fomenta el egoísmo, ya que sólo pensamos en nosotros

En definitiva, la New Age busca suprimir el Principio de Autodefensa que descubrirás en el próximo capítulo. Y que, como resultado, aceptemos la esclavitud y la violación de nuestros derechos con buena gana.

Su lema podría ser: *Serás un esclavo pero serás "feliz"*...

PRINCIPIOS DE ESPIRITUALIDAD REAL

Ahora que ya hemos hablado de los 3 obstáculos que nos separan de la espiritualidad real, es el momento de hablar de los principios universales que configuran la espiritualidad transformadora que sí que significa una amenaza para los dueños del sistema.

Aquí entra en juego el ocultismo. Pero no el de Hollywood, ni el de rituales oscuros ni supersticiones. El ocultismo es simplemente el conocimiento espiritual que ha sido escondido al público para evitar que las personas se conviertan en seres verdaderamente libres. Como dice Mark Passio...

"El conocimiento oculto no es negativo por sí mismo. Lo que determina su naturaleza es el uso que se haga de él."

El ocultismo contiene las leyes universales que rigen este plano de existencia. Conocerlas es el primer paso hacia la soberanía espiritual. Ignorarlas te convierte en una marioneta del sistema.

Y por eso fueron ocultadas.

Porque si supieras que tus pensamientos, emociones y acciones están sujetos a leyes tan reales como la gravedad, empezarías a vivir con más consciencia, más responsabilidad y más poder interior.

Y no hay nada que tema más el sistema que una población consciente y soberana.

Las religiones institucionalizadas no te hablan de estas leyes. Te dan normas morales arbitrarias, bajo amenaza de castigo eterno.

La New Age no te habla de estas leyes. Te ofrece un buffet de ideas dulzonas que suenan bien pero no transforman nada.

El ateísmo no te habla de estas leyes. Te dice que todo es materia, y que no existe ninguna dimensión espiritual más allá de lo observable.

En cambio, la espiritualidad real empieza cuando comprendes que el universo es mental, energético y moral. Y que tú participas de él como un co-creador.

Recuerda: quien tiene acceso a las leyes del mundo invisible, puede transformar el mundo visible.

LOS 7 PRINCIPIOS UNIVERSALES

Estos principios han sido transmitidos durante siglos en escuelas esotéricas como la rosacruz, el hermetismo o el gnosticismo. El ocultismo genuino se basa en estos principios.

Los principios que te voy a exponer a continuación son los mismos que atesora la élite en su conocimiento sobre el universo. Úsalos para el bien.

Recuerda que estos principios son vinculantes e inmutables. Están operando constantemente, seas consciente o no de ellos.

1. Principio de Mentalismo

Este principio nos dice que todo es mente. Toda la creación es manifestación de la mente. Es decir, para que algo exista materialmente, el pensamiento tuvo que existir previamente.

Piensa, por ejemplo, en una silla. Está hecha de madera, ocupa espacio, es tangible. Pero antes de ser un objeto, fue una idea. Una idea invisible, que no necesitaba tiempo ni espacio. Solo existía como concepto en la mente de alguien. Sin esa idea, esa silla nunca habría existido.

Lo mismo ocurre con todo en este mundo: la materia es la expresión de lo invisible.

Esto nos lleva a una conclusión evidente: la realidad física surge del mundo mental, no al revés. Lo que no se ve es más poderoso que lo que se ve.

Lo esencial aquí es entender que los pensamientos conducen a la manifestación de cosas y eventos. Los resultados visibles no se manifiestan por arte de magia, sino que son la consecuencia de un estado mental que los precedió.

Dado que nuestros pensamientos son nuestra responsabilidad, y que crean nuestra vida (porque generan emociones y acciones), podemos concluir que somos responsables de lo que se manifiesta en nuestro espacio vital, sea deseable o no.

Si tomamos la responsabilidad de que nuestras creaciones (individuales o colectivas) son el fruto de una manera de pensar, podremos transmutar esos pensamientos para cambiar la realidad que nos está disgustando.

Por este motivo, las élites nos quieren tan apegados a lo material y viviendo solamente a través de los cinco sentidos físicos.

Porque, sin este poder para detectar lo intangible, no tenemos ningún poder para generar una transformación. En cambio, ellos invierten todos sus recursos en controlar los pensamientos de la masa social, ya que saben que así controlarán la realidad física que creamos como colectivo.

2. Principio de Correspondencia

Este principio establece que:

"Como es arriba, es abajo. Como es abajo, es arriba."

Vivimos en un universo holográfico. ¿Qué significa esto? Que cada una de las partes individuales es un reflejo del conjunto.

Es como si tuvieras un puzzle, el cuál cuando está terminado es una foto completa del Everest. Pero que, además, ¡cada pequeña pieza del puzzle es la misma imagen que con el puzzle completo!

Esto es un ejemplo imposible, pero es para que me entiendas.

Otro ejemplo son las muñecas rusas. Cada muñeca es idéntica a la anterior, lo único que cambia es su tamaño.

¿Lo entiendes? Los mismos patrones de la creación se repiten en todas las escalas. Los patrones del átomo son los mismos que los de las galaxias.

Esto también significa que el universo entero está contenido dentro de cada individuo. Y, a la vez, que el universo es como un individuo. Son reflejos lo uno de lo otro.

Por tanto, este principio nos permite usar la analogía y llegar a conclusiones correctas. Si conocemos cómo es lo *micro*, podremos deducir lo *macro.* Y viceversa.

Este principio también nos dice que el mundo externo es la consecuencia del mundo interno, reafirmando lo que nos dice el Principio de Mentalidad: si quieres cambiar lo de fuera, antes deberás cambiar lo de dentro.

Este es el motivo por el que el conocimiento holístico e integral es tan importante. Cuantos más aspectos de la realidad conocemos, más podemos usar analogías y entender la verdad de forma completa.

Y este es el motivo por el que la élite se guarda el conocimiento para sí misma, y a nosotros nos da entretenimiento para mantenernos ignorantes. Además, a través de la New Age, nos dice que el conocimiento no es importante, sólo la experiencia.

3. Principio de Vibración

Este principio milenario nos dice lo que la ciencia moderna ya ha demostrado: que todo está en movimiento. No existe tal cosa como la quietud absoluta.

Incluso aquello que parece más sólido (una roca, por ejemplo) está en constante vibración. Si la observaras con un microscopio, verías que sus átomos se mueven a altísima velocidad.

La solidez es solo una ilusión de nuestros sentidos. A nivel fundamental, todo es energía vibrando. Y a nivel material, esa energía se manifiesta en distintas formas según su frecuencia vibracional.

Por tanto, todo vibra. Y lo que vibra más rápido, tiene mayor poder que lo que vibra más bajo. Si sabes cómo subir tu vibración, ganarás el poder para mejorar tu realidad interna y para influir en la realidad externa.

Pero claro: el sistema busca constantemente bajar nuestra vibración. El miedo, la culpa, el apego… todo ello genera bajas vibraciones. Además de nuestro estilo de vida en el que estamos desconectados de la naturaleza y tenemos una alimentación pésima, entre otros.

Este principio también nos enseña que, en última instancia, el mundo es ilusorio. Porque todo es energía e información.

Tal y como decían los antiguos hindúes, el mundo es *maya*, es decir, una ilusión. También hablaban del universo como *lila*, es decir, un juego.

Podemos llamarlo ilusión, juego, sueño... en última instancia, este universo físico es una ficción, o un videojuego. Al igual que usamos los videojuegos para acceder a realidades ficticias, ¿puede ser que esta vida sea una realidad ficticia que hemos creado para vivir experiencias diferentes?

Esta certeza de que el mundo no es real en última instancia, nos debe dar un sentimiento de cierto desapego hacia él. Sin embargo, no debe servir como excusa para escapar del mundo.

Aunque esta realidad sea una ilusión, la experiencia es muy real. Por tanto, debemos hacer como si la ilusión fuera totalmente real. Ese es el propósito del juego: que participemos en él y nos posicionemos en el lado correcto de la historia.

4. Principio de Polaridad

Nos dice que todo tiene una naturaleza dual. Hay polaridades en todo lo que existe; todo tiene su opuesto.

Los opuestos son idénticos en naturaleza, pero distintos en grado. ¿Qué significa esto? Pues que, en realidad, no existen los opuestos. Todo es la misma cosa en diferentes grados.

Por ejemplo, no existe la oscuridad como tal. La oscuridad es la luz en su escala más mínima. La oscuridad es la ausencia de luz.

Lo mismo pasa con el calor y el frío. Ya se sabe que en realidad el frío no existe. Lo que existe es la energía calorífica, la cual llamamos calor cuando está concentrada y llamamos frío cuando se encuentra disipada.

Por tanto, no es tan difícil transformar lo negativo en lo positivo, ya que, en el fondo, son lo mismo en diferente grado. Sólo tenemos que subir la vibración para elevarlo.

¿Por qué existe este Principio? ¿Por qué el creador del universo lo puso en funcionamiento? Aquí entra en juego lo que yo llamo la Ley del Contraste.

Imagina que toda tu vida has vivido a una temperatura ideal de 22°C. No eres consciente de ese confort porque no conoces otra cosa.

Hasta que un día la temperatura baja a 5°C. ¡Ahora tienes frío! ¡Ahora *valoras* los 22°C que antes dabas por sentado!

Fuera de esta realidad física no existe la dualidad. Solo existe lo absoluto, el equilibrio, la perfección.

¿Pero cómo vas a reconocer la perfección si nunca has experimentado lo imperfecto?

Por eso se crea este mundo dual, y nos encarnamos en él. Aunque sea una ilusión, en la dualidad podemos valorar lo positivo porque lo contrastamos con lo negativo.

Y además, tenemos la oportunidad de elegir ir a favor de la verdad o ir en contra de la misma. El contraste y la dualidad nos dan la oportunidad de ser libres.

5. Principio de Ritmo

Nos dice que todo fluye, fuera y dentro. Todo tiene su marea. Todo se levanta y se cae. El movimiento del péndulo se manifiesta en todo lo que percibimos.

La medida del movimiento hacia la izquierda es la medida del movimiento hacia la derecha. El ritmo y el ciclo están siempre presentes.

Esta oscilación es inevitable: expansión y contracción, alegría y tristeza, éxito y fracaso… Nada permanece estático.

Eso sí, aunque el ritmo es una tendencia, no nos determina. Elevando nuestro nivel de consciencia, podemos aprovechar al máximo los ciclos positivos y disminuir los efectos de los ciclos negativos.

Además, este principio nos habla de que la vida y la muerte son ciclos, como la noche y el día. Una sigue a la otra. Por tanto, nos da pie a deducir que la reencarnación es algo real.

El Principio de Correspondencia nos dice que lo micro es como lo macro. ¿Y si la vida es una representación a lo grande de lo que ocurre cada día?

¿Y si la muerte fuera simplemente como irnos a dormir, y después reencarnamos a la vida con un cuerpo nuevo al igual que nos despertamos al día siguiente con las fuerzas renovadas?

6. Principio de Causa y Efecto

Todo efecto tiene su causa. Toda causa tiene su efecto. La causa viene primero, y el efecto después.

Este es el principio que quiere negar la New Age haciéndote creer que no debes mirar lo negativo.

Por tanto, nada es casualidad. La casualidad es el nombre que les damos a las cosas que ocurren y no entendemos su origen.

Existe el libre albedrío, pero eso no significa que puedas violar los principios sin consecuencias.

El "problema" es que existe un lapso de tiempo entre que elegimos la causa y experimentamos sus efectos.

Por eso, muchos no son capaces de asociar las causas con las consecuencias y, de esta forma, no se dan cuenta de que deben realizar un cambio.

Esto es de lo más importante del libro:

Existen dos planos de la realidad: el plano de las causas y el plano de los efectos.

El plano de los efectos es la realidad que ya se ha manifestado, que ya se ha "consolidado". Aquí no hay ningún poder para cambiar algo, porque ese algo ya ha ocurrido.

El plano de las causas es donde se origina lo manifestado. El problema es que este plano no es tangible, ya que se compone de pensamientos, emociones y decisiones.

La consciencia humana parece atrapada en el plano de los efectos, lo cual es como intentar arreglar la imagen que ves en el espejo y no la imagen original.

Estamos hipnotizados por los síntomas, cuando el problema está en la raíz. Solo cuando nos coloquemos en el plano mental para crear ahí las condiciones requeridas, podremos co-crear conscientemente nuestra realidad.

7. *Principio de Género*

El género existe en todo. Todo tiene sus componentes masculino y femenino. El género se manifiesta en todos los planos de la existencia: espiritual, mental y físico.

Cuando estos dos aspectos están peleados, se genera destrucción. En cambio, cuando estos dos aspectos están unidos y se complementan, se crea algo nuevo.

Este es el motivo por el cuál siempre se ha borrado la parte femenina de Dios o de la espiritualidad. Concibiendo a Dios como una figura solamente masculina, que impone unas reglas, se convierte en un Dios tirano.

Y al revés. Si tuviéramos la visión de Dios como algo sólo femenino, nos quedaríamos con la versión sesgada de que todo está bien y todo está permitido, pasando por alto las reglas que objetivamente existen en la realidad.

En nuestra mente, los géneros se manifiestan con el intelecto (masculino) y la intuición (femenino). Si estos trabajan en conjunto, encontramos la verdad. Sinó, caemos en los dos extremos dogmáticos: el nihilismo o el fanatismo religioso.

Y evidentemente, el género se manifiesta en el plano físico a través de macho y hembra. Cuando estos se juntan, son capaces de crear una nueva vida. ¿Te das cuenta del tremendo poder de esta unión?

Por eso se fomenta la guerra entre sexos a través del neo-feminismo o el neo-machismo. Las élites, conocedoras de este principio, saben que no podrán controlar a una sociedad de hombres y mujeres unidos.

Los 7 principios

1. **Principio de Mentalismo**
   Todo es mente, la realidad surge del pensamiento.

2. **Principio de Correspondencia**
   Como es arriba es abajo y al revés.

3. **Principio de Vibración**
   Nada está inmóvil.

4. **Principio de Polaridad**
   Todo tiene su par de opuestos complementarios.

5. **Principio de Ritmo**
   Todo sube y baja, vida en ciclos.

6. **Principio de Causa y Efecto**
   Todo efecto tiene su causa.

7. **Principio de Género**
   Todo contiene energía masculina y femenina.

Cuando integras estos siete principios, empiezas a comprender profundamente de qué va este juego de la vida y pasas a ser un jugador consciente, que tiene en cuenta las reglas del juego.

Pero cuando hablamos de Leyes Universales, podemos profundizar más entendiendo la Ley Natural o Ley Moral, que nos explica las diferencias objetivas entre el buen y el mal comportamiento en relación a los demás y, por tanto, nos ofrece la llave para co-crear la sociedad que realmente queremos.

Vamos.

Capítulo 8

LEY NATURAL

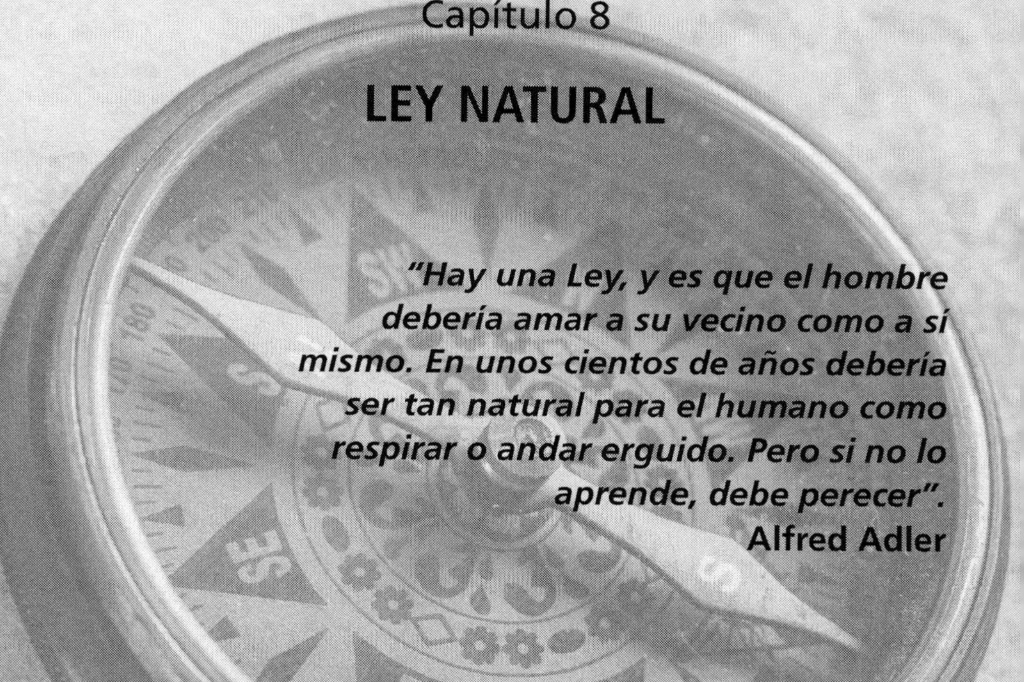

"Hay una Ley, y es que el hombre debería amar a su vecino como a sí mismo. En unos cientos de años debería ser tan natural para el humano como respirar o andar erguido. Pero si no lo aprende, debe perecer".

Alfred Adler

Felicidades por haber llegado hasta aquí. Ya gozas de unos conocimientos de los que el 99,9 % de las personas no tienen ni idea. Sin embargo, no estás aquí para aprender a medias, sino que imagino que deseas ir hasta el final del camino.

Como dicen los sabios:

"Hay dos errores en el camino hacia la verdad: el primero es no empezarlo. El segundo es quedarse a medias".

Ya sabes que hay leyes espirituales en el universo, y ya has conocido los 7 principios ocultos que codifican la realidad. Ahora vamos a hablar de un octavo principio, que es el más importante de todos porque nos habla de la diferencia objetiva entre el comportamiento moral e inmoral.

La enorme mayoría de seres humanos deseamos lo mismo para nosotros y nuestros seres queridos: un mundo donde reine la paz, la libertad, la prosperidad, la seguridad y la plenitud.

Sin embargo, ese no es el estado actual de la humanidad como colectivo.

Gracias a la Ley Natural, podemos ir a la raíz verdadera del problema que vivimos como sociedad.

Si el mundo no es como nos gustaría, no podemos quedarnos atrapados en los síntomas. Debemos ir a la causa profunda y aplicar allí la solución.

La Ley Natural nos ofrece un diagnóstico certero de cuál es la "enfermedad" que padecemos, por qué se ha generado y qué podemos hacer para rectificar y construir el mundo que realmente deseamos.

Pero esto no gusta al ego de muchas personas, que prefieren soluciones superficiales que no impliquen cuestionar profundamente su forma de pensar.

Por eso, la Ley Natural no te va a regalar los oídos, sino que va a confrontarte. ¿Y sabes por qué?

Porque la Ley Natural es una verdad objetiva. Y como ya hemos dicho antes, a los seres humanos nos cuesta soportar la verdad, porque destruye directamente las creencias falsas sobre las que hemos construido nuestra identidad.

Pero recuerda:

La verdad es amarga al principio, pero después se convierte en el más dulce de los regalos.

QUÉ ES LA LEY NATURAL

La palabra "Ley" se refiere a algo que tiene dos características principales: la primera, es que es algo inmutable, es decir, que no cambia. Se mantiene constante.

La segunda característica que define a una ley es que es vinculante, es decir, que tiene unos efectos esperados y que nos condiciona de alguna forma.

Por ejemplo, la gravedad es una ley porque está presente en todos lados, y evidentemente nos condiciona porque nos empuja hacia el suelo. La gravedad es constante y vinculante y, por tanto, es una ley.

En cuanto a la parte de "Natural", esta palabra se refiere a que algo no es creación humana, sino que es relativo a la naturaleza. Al igual que la gravedad, no es algo que el ser humano crea, sino que es algo que se *descubre.*

Es decir, la Ley Natural no es una ideología ni una religión.

Es una Ley creada por el diseñador de este universo, o por la Inteligencia Cósmica o la Fuerza que ordena la realidad, da igual cómo lo llames.

Quiero aclarar que la Ley Natural no tiene nada que ver con el supuesto "orden natural" de la supervivencia del más apto. Es más bien todo lo contrario.

En conclusión, la Ley Natural es algo constante, vinculante y que existe independientemente de los seres humanos.

Además, el conocimiento de la Ley Natural es un requisito para crear el mundo que decimos que queremos. Solo conociendo esta ley, podremos alinear nuestro comportamiento con ella y obtener el resultado que deseamos a nivel colectivo.

OTROS NOMBRES PARA LA LEY NATURAL

A lo largo de la historia, la Ley Natural ha sido compartida por grandes sabios. Como dice el viejo adagio: "No hay nada nuevo bajo el Sol". La verdad de esta Ley siempre ha estado presente.

En la tradición del Karma y de la Ley Moral, se dice "cosechas lo que siembras". Eso es Ley Natural.

En la Ley de la Atracción, muchas veces pervertida por la New Age, se dice: "La energía que emites es la que atraes". Eso es Ley Natural.

En la Regla de Oro transmitida por Jesús de Nazaret, se dice: "No hagas a los demás lo que te no gustaría que te hicieran". Eso es Ley Natural.

Incluso los científicos, a través de la Ley de Causa y Efecto, dicen: "Por cada acción, hay una reacción equivalente". Eso también es Ley Natural.

Lo que nos dicen todas estas frases es que, si hacemos las acciones correctas y morales, obtendremos cosas buenas. Si hacemos acciones incorrectas o inmorales, obtendremos cosas malas.

La cuestión es que esto no ocurre sólo a nivel individual. Lo que pasa es que si, como colectivo, cometemos más acciones inmorales que morales, cosecharemos sufrimiento como colectivo.

Compartimos una sola realidad como humanidad. Por tanto, aquí nadie se puede salvar por su cuenta. O nos salvamos todos o nos hundimos todos.

Y es por eso que la Ley Natural no sólo debe ser vivida, sino también difundida, hasta que llegue un momento en el que pase a ser de sentido tan común como que 2+2=4.

EL FIN DEL RELATIVISMO MORAL

Entonces, llegamos a la conclusión de que, para obtener los resultados que deseamos a nivel colectivo, debemos evitar las acciones inmorales como conjunto.

Pero antes, tenemos que reconocer que existen verdades morales objetivas. Es decir, que el relativismo moral es falso.

No somos los seres humanos los que decidimos arbitrariamente lo que está bien o lo que está mal. Eso es falso y tóxico. Eso es el caos.

¿Cómo justificamos que los nazis cometieron un crimen espantoso si creemos que el bien y el mal no existen? Es insostenible.

Muchos creen que, por el hecho de que la moralidad no pueda verse ni tocarse, esta es un constructo. Pero no. Que sea algo metafisico no quiere decir que no exista.

Al igual que no podemos "medir" la justicia, el bien o la verdad —y, sin embargo, estamos de acuerdo en que existen cosas justas, buenas y verdaderas—, la moral objetiva existe, aunque no pueda ser detectada por instrumentos materiales.

Voy a ser claro y directo: el relativismo moral es una enfermedad mental y espiritual. Es el motivo de todos los males que experimentamos como humanidad.

Lo repito para que quien bien claro:

Existe un estándar moral universal que no hemos creado los seres humanos, sino que es fruto de la Inteligencia Cósmica y los humanos debemos conocer y alinearnos con él.

Y aquí llega el quid de la cuestión: ¿Cuáles son los actos morales y cuáles son los actos inmorales?

DIFERENCIAS ENTRE UN ACTO MORAL E INMORAL

Como comprobarás, la verdad que te voy a compartir es tan simple como poderosa. Es de sentido común, aunque ya conoces esa refrán que dice…

"El sentido común es el menos común de los sentidos".

Verás. Cuando decimos que algo está bien, en lengua castellana se puede referir tanto a que algo es correcto -por ejemplo, una operación matemática- como a que algo es moralmente bueno.

Esto no es casualidad. En inglés ocurre lo mismo: *right* puede ser tanto correcto como moralmente bueno. ¡Y además, *right* significa *derecho* también! Esto es de vital importancia.

Derecho también es sinónimo de correcto, ya que significa que algo se mantiene alineado (no torcido) con la Ley Natural.

Esto es así porque lo correcto, lo moral y lo derecho son exactamente lo mismo. Si lo correcto es aquello que está alineado con la verdad (por ejemplo, $5+5=10$) y lo moral es sinónimo de lo correcto…

Lo moral es lo que está alineado con la Verdad, con la Ley Natural.

En cambio, cuanto más sigues aquello que es falso, o incorrecto o *no-derecho*, más caes en conductas inmorales, en lo que está mal.

Por tanto, tenemos que llegar a conocer la Verdad sobre lo que es bueno y lo que es malo, si queremos ser capaces de elegir con sabiduría alguna de estas dos acciones y, así contribuir al orden en el mundo.

Entonces, cuál es la definición de lo bueno, correcto, moral o derecho?

Toda acción que NO resulta en un daño a otro individuo.

Por ende, ¿cuál es la definición de lo malo, incorrecto, inmoral o *no-derecho?*

Toda acción que SÍ resulta en un daño a otro individuo.

Esta es la simple pero poderosa verdad de las diferencias entre el comportamiento moral y el comportamiento inmoral.

CONOCIENDO LOS DERECHOS

Por tanto, para definir aquello que es moralmente correcto antes debemos definir qué es un derecho.

Sin embargo, para definir un derecho es mucho más fácil hacerlo definiendo qué es un no-derecho.

Esto se llama razonamiento apofático, que significa que vamos a describir lo que algo es -en este caso, un derecho- a partir de lo que no es —un *no-derecho* o *wrong* en inglés—.

Es decir, descartando lo que no tenemos derecho a hacer porque daña a otros (inmoral-incorrecto), vamos a reconocer lo que sí tenemos derecho a hacer porque no daña a otros (moral-correcto).

Y cabe remarcar que todos los seres humanos tenemos los mismos derechos. Esto es incuestionable. No hay alguien que sí tenga derecho a hacer un daño a otro individuo por ninguna razón: ni etnia, ni estatus económico, ni posición social...¡Nada!

A continuación, pues, vamos a exponer los actos que representan una transgresión de la Ley Natural, ya que comportan un daño real en otros individuos.

LAS 7 TRANSGRESIONES DE LA LEY NATURAL

Todos los actos inmorales son una violación de los derechos naturales que, como sabemos, son los mismos para todos los seres humanos.

Estos derechos naturales son de nuestra *propiedad*. Nadie de este mundo tiene el poder de darlos o quitarlos, ya que nos han sido concedidos de forma innata.

Tu vida te pertenece, al igual que tu libertad y todas tus posesiones conseguidas de forma legítima.

Todo acto inmoral es un robo de alguno de estos derechos de propiedad.

Todo lo demás, todo aquello que no es un robo de ningún derecho natural de otros, es un derecho que sí tienes.

En definitiva, tenemos derecho de hacer cualquier acción que no signifique un robo de la vida, la libertad y la propiedad de otra persona.

Entremos pues a enumerar los principales actos inmorales, en los que la mayoría de las civilizaciones coinciden.

Estos actos no son inmorales porque así lo hayamos convenido como sociedad, sino porque son intrínsecamente incorrectos y lo hemos ido descubriendo.

1. *El asesinato*

Asesinar siempre es una mala acción, ya que estás robando la vida de otra persona. Matar en sí mismo no tiene por qué ser algo inmoral, porque puede suceder en defensa propia. Sin embargo, el asesinato siempre implica iniciar la violencia.

2. *La violación*

La violación implica que estás robando el libre albedrío de otra persona, obligándola a asociarse sexualmente en contra de su voluntad. Estás usando violencia y robando el derecho natural de asociación sexual.

3. El robo

Como hemos dicho, todo acto inmoral es una forma de robo. Aquí nos referimos a que no tienes ningún derecho a hacer tuyo lo que no te pertenece y que ha sido conseguido de forma legítima y consentida.

4. La intrusión

No tienes derecho a entrar en la propiedad o el refugio de alguien sin su permiso o consentimiento, ya que en el proceso le estás robando su seguridad.

5. La coacción

La coacción significa que utilizas la amenaza de violencia para obligar a otra persona a que haga lo que tú quieres. Es inmoral, puesto que robas la libertad del otro al intimidarlo.

6. El secuestro

El secuestro es inmoral porque implica privar de la libertad de movimiento físico a otra persona en contra de su voluntad.

7. *El engaño*

Es inmoral porque significa robar la libertad a otra persona de tomar decisiones con la información adecuada y verdadera.

Estos son algunos de los actos incorrectos que no tenemos ningún derecho a cometer. Como podemos ver, todo acto inmoral es un robo de un derecho de propiedad.

La forma más completa de inmoralidad es la esclavitud, porque implica que tratamos a otros como meros objetos al despojarlos de todos sus derechos y convertirlos en nuestra propiedad, en *medios para nuestros propios fines.*

3 ACLARACIONES CLAVE SOBRE LOS DERECHOS

Cabe decir tres cosas más que son *cruciales* en relación a los derechos:

Primero, que los derechos no son algo que nos otorga o decide otro ser humano o cualquier institución terrenal. Los derechos nos han sido dados de forma innata, por la Inteligencia Cósmica. Por eso son objetivos e iguales para todos.

Segundo, y derivado de lo primero, no importa cuánta gente acuerde que un no-derecho se convierta en un derecho. Seguirá siendo un no-derecho, algo inmoral. O viceversa. Aunque los nazis acordaran que matar judíos era su derecho, eso era inmoral, un no-derecho. Esto es una verdad, y la verdad no es democrática.

Tercero, que no existe en la realidad tal cosa como delegar un no-derecho. Es decir, si tú como individuo no tienes derecho a algo, no puedes traspasar ese no-derecho a otra persona o institución, y que mágicamente pase a ser un derecho.

Esto es fundamental para entender lo que abordaremos en los dos próximos capítulos.

LOS 2 PILARES DE LA LEY NATURAL

Del conocimiento de la Ley Natural se desprende una auténtica moral para construir el mundo que decimos que queremos.

Esta ética se sustenta en dos pilares: el Principio de No-Agresión y el Principio de Autodefensa.

El Principio de No-Agresión nos indica que nunca debemos iniciar la violencia ante otros. Que no tenemos ningún derecho a forzar el comportamiento de los demás a través de la violencia física o de la amenaza de la misma.

El Principio de Autodefensa nos indica que tenemos el derecho de utilizar la fuerza cuando otros actúan con violencia contra nosotros, y que tenemos la responsabilidad de poner límites a los que hacen el mal.

EL PRINCIPIO DE NO AGRESIÓN

Las acciones inmorales o incorrectas desde el punto de vista ético son aquellas que inician violencia ante otras personas, es decir, que no respetan su libre albedrío.

Aunque el proyecto de vida de otros no sea de nuestro agrado, no tenemos ningún derecho a obligarlos mediante violencia o amenaza de violencia a rectificar su camino.

Siempre y cuando, claro está, que dicho proyecto de vida no atente directamente contra los derechos naturales de los demás, que son básicamente el derecho a la vida, a la libertad y a la propiedad.

Entonces, concluimos que la base de toda ética es nunca iniciar violencia ante los demás. Como dice Fred Kofman:

Debes comprometerte con no iniciar violencia física, ni de forma directa (siendo tú mismo el agresor) ni de forma indirecta (contratando a otros para que agredan por ti) contra otros ni su propiedad.

¿Te imaginas un mundo en el que todas las personas juraran comprometerse con este principio? Sin duda sería el primer paso para crear el cielo en la Tierra.

Al final, nos damos cuenta de que toda acción ética, todo derecho, implica el consentimiento.

Una acción será ética siempre y cuando tenga el consentimiento de la otra parte y, por tanto, sea algo voluntario y sin violencia de por medio.

Esto ya lo sabemos por sentido común, aunque muchas veces desconectemos este sentido común cuando los condicionamientos sociales nublan nuestra vista.

Por ejemplo, la única diferencia entre una relación sexual lícita y una violación es el consentimiento.

La única diferencia entre una transacción comercial y un robo es el consentimiento.

La única diferencia entre la eutanasia y el asesinato es el consentimiento.

La única diferencia entre la explotación y el trabajo asalariado es un contrato firmado por consentimiento.

LA OBEDIENCIA NUNCA ES ÉTICA

Una de las grandes mentiras de la cultura es que no somos moralmente responsables de alguna acción cuando estamos obedeciendo órdenes. De aquí la típica frase "Yo sólo estaba obedeciendo órdenes".

Nunca es ético hacer lo que te digan los demás sin pasarlo por el filtro de tu conciencia, de plantearte si está bien o mal.

Ni que te mandara órdenes el ser más iluminado del universo, la obediencia, por sí misma, sería moral.

Un individuo que sigue órdenes no puede estar ejercitando la conciencia, ya que ejercitar la conciencia significa que uno está eligiendo deliberadamente, mediante su libre albedrío, la decisión correcta sobre la incorrecta. Por tanto, seguir órdenes y ser consciente es incompatible.

De hecho, plantéate una cuestión: ¿Quién era más moralmente culpable del Holocausto, los dirigentes nazis o aquellos agentes y soldados que llevaban a los judíos a los campos de exterminio?

La dolorosa verdad es que el que *comete la acción* siempre es moralmente más culpable que el que emite la orden.

Porque la orden en sí misma quedaría en papel mojado si no hubiera alguien que la ejecutara. Las ideas, por sí solas, no hacen daño porque se quedan en un plano mental.

Son las acciones derivadas de esas ideas las que realmente violan derechos.

EL PRINCIPIO DE AUTODEFENSA

Para comprender este principio, lo fundamental es distinguir entre fuerza y violencia, que a menudo se confunden, aunque no son lo mismo.

La violencia siempre tiene que ver con *iniciar* -esta es la palabra clave- un ataque físico hacia otra persona. La violencia siempre es un acto ofensivo. Se llama así porque implica una *violación* de los derechos naturales de los demás.

La fuerza, en cambio, es un derecho que sí tenemos por naturaleza para detener a aquellos que ejercen violencia sobre nosotros. La fuerza es un acto defensivo.

Por ejemplo, si un ladrón me ataca por la calle y yo le doy un puñetazo, es el ladrón el que estaba ejerciendo violencia, mientras que yo solo he usado la fuerza necesaria y correspondiente para defenderme.

En este caso, el Principio de Autodefensa es crucial porque el bien de uno mismo y el bien del agresor dependen de la aplicación de este principio.

Si no te defiendes de las agresiones de otros, no solo te estás dañando a ti. Al no enviarle el mensaje contundente al agresor de que lo que hace es incorrecto, le estás privando de la oportunidad de mejorar como persona.

Y al privarle de la oportunidad de darse cuenta de su maldad, estás haciendo que otras personas inocentes puedan convertirse en sus nuevas víctimas. Como dice la paradoja de la tolerancia de Karl Popper:

"Si una sociedad es ilimitadamente tolerante, su capacidad de ser tolerante finalmente será reducida o destruida por los intolerantes."

Esto no significa que deban prohibirse ciertas ideas. Las ideas nunca son violentas, solo las acciones. Las ideas equivocadas se combaten a través de las ideas correctas y del debate abierto; no tenemos derecho a reprimirlas a través de la violencia física.

LA LEY DE LA LIBERTAD

Dentro de la Ley Natural y la ética universal, existe otra ley que es muy importante de recalcar: la Ley de la Libertad.

Esta ley nos dice que la moralidad y la libertad son directamente proporcionales. Es decir, que cuanto más moral es una sociedad en su conjunto, más libertad consigue.

En cambio, cuando una sociedad entra en una decadencia moral, ya sea iniciando violencia ante otros o *tolerando* dicha violencia, la libertad decae y la esclavitud aumenta.

Por tanto, la presencia de la verdad y de la auténtica moralidad en los individuos de una sociedad es *inversamente proporcional* a la tiranía, al totalitarismo y, en definitiva, a la esclavitud.

Porque precisamente, cuando una sociedad es inmoral, crea el campo de cultivo ideal para que los tiranos se sientan libres de ejercer un mayor control, lo cual deriva a la esclavitud total.

¿Te suena? Es lo que está pasando hoy en día. Y uno de los motivos principales es porque nos han engañado con el tema de los derechos. Lo descubrimos a continuación.

Capítulo 9

DERECHOS NATURALES

> *"Cuando un hombre honesto descubre que está equivocado, o bien corrige su error o bien deja de ser honesto".*
>
> **Anónimo**

La mayoría de los movimientos espirituales nunca hacen hincapié en los derechos naturales que tenemos como seres humanos.

Este tema es crucial, ya que es lo que nos permite bajar la espiritualidad a tierra y comprender correctamente las diferencias entre el bien y el mal.

En última instancia, la espiritualidad es un camino hacia la libertad. Y sin comprender bien cuáles son nuestros derechos, dicha libertad puede ser pisoteada muy fácilmente.

Desde que somos pequeños, nos han vendido el cuento de que los derechos son conquistas sociales.

Nos han repetido hasta el cansancio que fueron "otorgados" por el estado, que gracias a él podemos disfrutar de libertades y garantías, como si fueran dádivas generosamente concedidas por nuestros amos.

Esto es un engaño de unas proporciones colosales y con un propósito vil por parte de las clases gobernantes de este planeta.

No es solo un error conceptual: es una estrategia deliberada de manipulación. Si logran hacerte creer que los derechos son concesiones, también te hacen creer que sin ellos, sin su control, sin su "benevolencia", estarías desprotegido, indefenso.

Si te fijas bien, el truco es perverso. Si nos convencen de que los derechos son conquistas y que el Estado es el único que puede proporcionárnoslos, entonces el Estado pasa a ser imprescindible, incuestionable, eterno.

¡Es exactamente el mismo mecanismo que ha utilizado la religión establecida durante siglos!

EL TRUCO DEL FALSO PROBLEMA Y LA FALSA SOLUCIÓN

En el caso de la religión establecida, primero te despojan de tu conexión natural con lo divino, te hacen creer que no puedes acceder a la trascendencia por ti mismo, y luego te dicen que solo a través de ellos, de su mediación, puedes alcanzar la iluminación o la salvación. Es el viejo truco del falso problema y la falsa solución.

Y no es una técnica exclusiva del poder político o religioso. Como explica Iceberg Slim en su libro *Pimp: memorias de un chulo*, los proxenetas usan la misma estrategia cuando buscan hacer a sus víctimas más dependientes.

Primero las destruyen psicológicamente, les arrebatan su autoestima. Luego, cuando ya están rotas, se presentan como su único salvador. Crean la herida y luego se ofrecen como la cura.

El modus operandi es claro: te debilitan de forma sibilina y luego te reconstruyen a su manera, con lo que terminas sintiéndote en deuda con ellos.

Te convencen de que les debes algo, de que sin su existencia estarías perdido, de que sin su "protección" no podrías ejercer tu propia libertad.

TUS DERECHOS SON TUYOS POR NACIMIENTO

Debes entender algo crucial: los derechos que tú tienes no te los da la ONU, ni el Estado, ni ninguna institución humana.

No provienen de un papel firmado en un parlamento ni de un dictamen de burócratas con traje. Son tuyos por nacimiento, por naturaleza, por derecho propio.

Tus derechos no son una concesión de ningún gobierno, porque nadie puede darte algo que no le pertenece. No te los otorgan, no los "conquistas", no los "negocias". Te han sido dados por Dios, la Fuente Universal o como lo quieras llamar.

Como dijo Thomas Jefferson:

"La gente libre reclama sus derechos derivados de las Leyes de la Naturaleza, y no como regalos de los magistrados"

Los derechos naturales, al igual que las leyes físicas de la naturaleza, no han sido creados por el hombre, y por eso no hay ninguna persona o grupo de personas que tenga la potestad de dar derechos o quitarlos.

LOS VERDADEROS DERECHOS SON NEGATIVOS, NO POSITIVOS

En la filosofía política, existe una diferencia fundamental entre los derechos negativos y los derechos positivos. Sin embargo, en la educación convencional, esta distinción se oculta deliberadamente.

En su lugar, nos bombardean con la idea de los derechos positivos, que en realidad no son derechos en absoluto, sino privilegios disfrazados de justicia social.

Pero, ¿qué diferencia hay entre los derechos negativos (los verdaderos derechos) y los derechos positivos (falsos derechos)?

La diferencia esencial es la coacción. Un derecho negativo no obliga a nadie a hacer nada por ti. Simplemente, protege tu libertad para actuar sin ser agredido.

En cambio, un "derecho" positivo exige que otros sean forzados a proporcionarte algo, aunque sea en contra de su voluntad.

Por ejemplo, los fanáticos del derecho positivo proclaman con orgullo que tienen derecho a una vivienda. Siento decirlo, pero eso no es verdad.

Si realmente tuvieras un "derecho" a una vivienda, eso significaría que alguien más estaría obligado a darte una casa que es suya, o que alguien tendría la obligación de construirla para ti.

En otras palabras, para que tú ejerzas tu supuesto derecho, otro ser humano tendría que ser forzado a trabajar o a ceder su propiedad bajo coacción.

Y aquí está la trampa: si para que tú ejerzas un "derecho" alguien más tiene que ser violentado, entonces no es un derecho, es un robo legalizado.

LOS DERECHOS NEGATIVOS SON LOS ÚNICOS COHERENTES

Los derechos negativos, por el contrario, no requieren que nadie sea despojado de su propiedad o forzado a hacer algo en contra de su voluntad.

Tu derecho a la libertad de expresión, por ejemplo, solo significa que nadie puede impedirte hablar. Tu derecho a la propiedad privada significa que nadie puede tomar lo que es legítimamente tuyo.

Tu derecho a la vida significa que nadie tiene el derecho de agredirte. Son derechos que simplemente deben ser respetados, no proporcionados.

Los falsos derechos positivos son la gran trampa de la modernidad, una herramienta utilizada por el poder para justificar el saqueo sistemático de unos en beneficio de otros, mientras se presenta como una forma de "justicia".

Pero no hay justicia en la esclavitud encubierta. Y cualquier sistema que dependa de la coerción para "redistribuir derechos" no es más que una forma de tiranía con piel de oveja.

La realidad es esta: o crees en los derechos negativos y en la libertad, o crees en los derechos positivos y en la esclavitud. No hay punto intermedio.

"DERECHOS" POSITIVOS	DERECHOS NATURALES
Son concedidos por alguna "autoridad" y pueden ser modificados.	Son inherentes al ser humano y no dependen de ninguna institución.
Se basa en normas arbitrarias creadas por el poder político.	Se basa en principios universales y objetivos como la vida, la libertad y la propiedad.
Implica coacción sobre terceros para cumplir con "derechos" creados artificialmente.	Protege la libertad individual sin imponer cargas sobre otros.
Se presenta como una "conquista social" que sólo el Estado puede garantizar.	No necesita ser otorgado por el Estado, ya que pertenece a cada persona por nacimiento.
No pueden aplicarse a todos sin generar conflicto de intereses.	Son universales y aplicables a todos sin contradicción.
Existen "crímenes" sin víctimas, donde el delito es desobedecer.	Si no hay víctima, no hay crimen.
Se basa en la violencia y la coacción sistemáticas.	Se basa en el Principio de No Agresión.

¿TIENES DERECHO A TENER UNA NOVIA?

Miguel Anxo Bastos lo explica de forma magistral cuando habla de que nadie tiene derecho a tener una novia.

El deseo de tener una novia no implica que puedas tenerla, ya que entonces alguien *tendría la obligación* de ser tu novia.

Eso sería esclavitud. Y eso es lo que son los "derechos" positivos: implican la esclavitud de otra persona. Alguien está forzado a hacer algo para cumplir con tu deseo o necesidad.

Y da igual si eres tú directamente quien obliga a esa persona a estar contigo o es una institución intermedia que la obliga a través de la ley. En todo caso, es lo mismo: violencia.

Gracias a esta señal, puedes saber que tener una novia no es un derecho que tú tienes. En caso de que existiera este "derecho", sería un privilegio ilícito.

Pero en la cultura está todo invertido. Mucha gente va pidiendo derechos como quien pide regalos a los Reyes Magos. Ya lo dijo G.K. Chesterton:

"Para corromper a un individuo basta con enseñarle a llamar «derechos» a sus anhelos personales y «abusos» a los derechos de los demás".

Recuerda que siempre detectarás los falsos derechos porque causan un perjuicio a otra persona. En cambio, los derechos de verdad no infligen daño a nadie, solamente expresan el uso de la libertad de cada uno.

CÓMO EJERCER TUS DERECHOS NATURALES

Tus derechos naturales no consisten en reclamar que te den cosas, ni en exigir que otros se sacrifiquen para satisfacer tus deseos.

Ejercer un derecho no es pedir permiso ni mendigar concesiones. Es simplemente defender tu libertad de actuar sin interferencias, siempre que no dañes a nadie.

Tu derecho natural se manifiesta cuando te opones a cualquier intento de restringir tu capacidad de vivir en armonía con tu voluntad, siempre dentro de los límites del Principio de No Agresión: no iniciar la violencia ni violar la libertad de otro.

Tomemos como ejemplo la libertad de expresión. Este es un derecho verdadero. ¿Por qué? Porque no necesita ser otorgado por ninguna institución ni legislado por ningún parlamento.

Ya nos ha sido dado por la naturaleza. No requiere que nadie más haga nada por ti, solo que no te impidan hablar.

Más aún, tu palabra no tiene el poder de dañar físicamente a nadie. Puede incomodar, puede molestar, puede hacer que otros se ofendan, pero sentirse ofendido no es un daño, y mucho menos un argumento para restringir derechos.

Ejercer tu derecho natural significa rechazar cualquier intento de dominación, censura o control sobre tu capacidad de actuar libremente.

No significa pedir que te den plataformas, altavoces o audiencias garantizadas. Significa que nadie tiene el derecho de silenciarte por la fuerza.

Este principio se aplica a todos los derechos naturales: la propiedad, la autodeterminación, la libertad de movimiento, el derecho a la legítima defensa.

No necesitas que nadie los "otorgue". Solo necesitas que nadie te impida ejercerlos.

Un claro ejemplo de cómo el estado subvierte estos principios es el caso de la vivienda. Por eso, cuando la gente dice que la vivienda es un derecho, está cayendo en la trampa del derecho positivo.

El problema no es que el Estado "no garantice vivienda", sino que con su intervención la vuelve inaccesible.

La regulación excesiva, la inflación provocada por los bancos centrales y los impuestos desorbitados encarecen artificialmente el acceso a la vivienda, generando escasez y dependencia.

No es el mercado el que falla, sino la intervención que lo ahoga.

Y aquí está la clave: las élites del poder lo saben. Por eso han construido un sistema basado en la supresión de los derechos naturales, reemplazándolos con "derechos positivos" que siempre vienen con condiciones, restricciones y dependencias.

Te dicen que tienes "derecho a la educación", pero lo que realmente quieren es que dependas de su adoctrinamiento.

Te dicen que tienes "derecho a la seguridad", pero lo que realmente quieren es que dependas de su monopolio de la violencia.

Ejercer tus derechos naturales no es una petición, es un acto de soberanía. No necesitas su permiso. No necesitas su validación. Solo necesitas la voluntad de defender lo que ya es tuyo por derecho propio.

TUS DERECHOS SON DE TU PROPIEDAD

Si hay algo que te pertenece de manera absoluta e incuestionable es tu propio cuerpo. Nadie tiene más derecho sobre él que tú.

Tu cuerpo no es propiedad del estado, de la sociedad ni de ninguna institución. No pueden decidir por ti lo que debes o no debes hacer con él, qué sustancias puedes consumir o qué procedimientos médicos debes aceptar.

Si realmente crees en la libertad, esto debería ser evidente. Sin embargo, nos han condicionado para aceptar que el estado tiene potestad para imponer normas sobre nuestros cuerpos, bajo el pretexto de la seguridad, la salud pública o el "bien común".

Pero, ¿cómo puede haber un "bien común" que justifique la violación de la soberanía individual? Si tu propio cuerpo no te pertenece a ti, entonces no eres libre, eres propiedad de quien lo controle.

Un claro ejemplo de esta invasión a la propiedad individual es la prohibición de las drogas. El argumento es que ciertas sustancias son dañinas y, por lo tanto, el estado debe evitar que las consumas.

Pero si tienes derecho a decidir sobre tu vida, entonces también tienes derecho a decidir qué introducir en tu organismo, sin que nadie te trate como un menor de edad incapaz de asumir las consecuencias.

Otro ejemplo es la imposición de vacunas y tratamientos médicos obligatorios. Aceptar que el estado puede forzarte a recibir una inyección en contra de tu voluntad es aceptar que no eres dueño de tu cuerpo.

No se trata de estar a favor o en contra de una vacuna específica, sino de comprender el principio fundamental: si no puedes rechazar una sustancia que alguien quiere introducir en tu organismo, entonces tu cuerpo no es tuyo.

Toda forma de coacción sobre tu cuerpo es una violación directa de tus derechos naturales. La verdadera libertad implica que puedas hacer con tu cuerpo lo que desees, siempre que no dañes a otros.

Y esto significa tanto el derecho a consumir cualquier sustancia que elijas, como el derecho a rechazar cualquier intervención médica impuesta por la fuerza.

Si el estado puede decirte qué puedes o no consumir, y puede obligarte a someterte a ciertos procedimientos médicos, entonces tu cuerpo ya no es tuyo: es un bien administrado por el poder político de turno. Aceptar esto es aceptar una forma moderna de esclavitud.

Por eso, la defensa de la soberanía individual sobre el cuerpo no es un capricho ni una cuestión de preferencias personales: es la base de la verdadera libertad. Si no eres dueño de tu cuerpo, entonces tampoco lo eres de tus propiedades, tu libertad o tu vida.

SI NO HAY VÍCTIMA, NO HAY CRIMEN

El derecho natural es claro: tienes derecho a ejecutar cualquier acción que no infrinja un daño sobre otro ser consciente o sobre su propiedad.

Este principio, tan simple y poderoso, es la base de toda verdadera justicia. Sin embargo, vivimos en un mundo donde las leyes del estado han tergiversado este concepto hasta el absurdo, criminalizando actos que no perjudican a nadie.

Piensa en esto: si una acción no genera una víctima real, ¿cómo puede ser considerada un crimen? Un verdadero delito solo puede existir cuando hay un perjuicio tangible hacia otra persona: un robo, una agresión, un asesinato, una estafa.

En todos estos casos, hay una parte afectada cuya vida, propiedad o integridad han sido violadas. Pero si no hay daño, si no hay víctima, ¿qué se está castigando realmente? La respuesta es simple: se está castigando la desobediencia al poder establecido.

Las élites han diseñado un sistema en el que muchas leyes no buscan proteger a los individuos, sino controlarlos.

Veamos algunos ejemplos de cómo el derecho positivo se ha convertido en un arma de opresión:

El estado necesita fabricar delitos ficticios para justificar su existencia. Cuantos más delitos ficticios inventa el estado, más excusas tiene para multarte, controlarte o encarcelarte. No protegen tu libertad, la destruyen.

El derecho natural es superior al "derecho" positivo precisamente porque se basa en la moral universal y no en el capricho de legisladores y burócratas.

Si no hay víctima, no hay crimen. Si no hay un daño real a otra persona, ninguna ley tiene derecho a coartar tu libertad.

Las leyes que prohíben actos sin víctimas no son leyes legítimas, sino herramientas de dominación. Romperlas no es un delito, sino un acto de resistencia ante un sistema ilegítimo.

Recuerda esto: la verdadera justicia no está en lo que dicta el estado, sino en lo que dicta la Ley Natural. Y la realidad es incuestionable: sin víctima, no hay crimen.

LEY NATURAL VS. "LEY" HUMANA

Con todo esto, queda meridianamente claro que si deseamos construir una sociedad donde impere la verdadera libertad y la verdadera justicia, tenemos que dejar de utilizar las leyes humanas basadas en el "derecho" positivo y retomar las leyes naturales.

Estas son las principales diferencias entre un modelo y el otro de legalidad:

LEY NATURAL	"LEY" HUMANA
Se basa en unos principios inherentes a la realidad.	Se basa en unas creencias construidas en la mente.
La obedecemos debido a la comprensión de qué es lo correcto y lo bueno.	La obedecemos debido al miedo al castigo físico.
Es universal. Existe y se aplica en todo el universo.	Cambia según la ubicación porque se basa en el relativismo moral.
Es inmutable y eterna. El tiempo no provoca ningún cambio en ella.	Muta a lo largo del tiempo porque se basa en el relativismo moral.

Las leyes humanas son arbitrarias y pueden cambiar según los intereses de los poderosos, pero las leyes naturales son inmutables; no dependen de la opinión de políticos, jueces o burócratas.

Es un principio eterno que opera por sí mismo, sin necesidad de ser escrito en un código legal. Si un "derecho" tiene que ser escrito en un papel para existir, entonces no es un derecho, es un privilegio temporal concedido por quienes ostentan el poder.

Por eso mismo, nadie tiene derecho a arrebatártelos. Porque los derechos no son negociables. No son una cortesía del Estado. Son el reflejo de la Ley Moral Universal.

Los amos del mundo no quieren que comprendas esto. Saben que el día en que la humanidad entienda que su libertad no depende de ningún gobierno, todo su sistema de control se desmoronará.

Saben que una vez que tomes consciencia de que eres un ser soberano, nacido con derecho a la vida, a la libertad y a la propiedad, no volverás a pedir permiso para ejercer lo que por naturaleza ya te pertenece.

Será el día en que acabará la esclavitud del ser humano. ¿Preparado para ir hasta el final en tu camino de sabiduría y soberanía personal?

Vamos.

Bien, ahora que hemos terminado esta tercera parte del libro, es momento de que hagamos un breve resumen de lo visto para que te sea más fácil de aplicar lo que te he compartido en tu día a día:

https://esc.anea.me/rc_20

PARTE IV

FIN DE LA ESCLAVITUD

Capítulo 10

EL ENGAÑO DEL ESTADO

"La libertad natural del hombre es ser libre de cualquier poder superior en la Tierra, y no estar bajo la voluntad o la autoridad legislativa de los hombres, y tener solo la Ley de la Naturaleza como su gobierno".

John Locke

En esta obra estoy totalmente comprometido con la monarquía interior, es decir, con ser los gobernantes de nuestros pensamientos, creencias, emociones y comportamientos.

Como habrás ido intuyendo, esa es la única monarquía en la que creo. Todo tipo de monarquía externa me parece ilegítima, ya que se sustenta en la coacción y la violencia.

Mientras que la monarquía interior te hace libre de tu inconsciencia, la monarquía exterior te hace esclavo de individuos que buscan controlar y someter.

Por supuesto, cuanto menor es tu nivel de soberanía interior —es decir, menos dominio tienes sobre ti mismo—, más fácil es caer en la trampa de pensar que lo mejor es que otros te gobiernen.

Por eso la mayor parte de este libro responde a la pregunta de cómo gobernarse uno a sí mismo, porque es la parte esencial. Muchas personas que hablan de soberanía se pierden quejándose de la esclavitud externa que sufre el ser humano.

Y, aunque esa es una parte del contexto que no podemos omitir —porque debemos ser conscientes de quiénes son los enemigos de la soberanía y, en definitiva, de la humanidad—, no podemos empezar la casa por el tejado.

Porque la esclavitud externa que vemos en nuestras vidas es *la consecuencia o reflejo de nuestra confusión e inmadurez interior.*

La esclavitud externa no sería posible si no existiera, previamente, una esclavitud interna en la mayoría de los seres humanos del planeta.

No obstante, como nosotros ya hemos construido los cimientos de la casa con los tres primeros bloques, ahora nos encontramos en el momento idóneo para desafiar al poder establecido y a la esclavitud.

Porque la soberanía interior es una condición necesaria, pero no suficiente, para ser totalmente libres. Una vez hemos derrotado al enemigo interior, debemos derrotar al enemigo exterior:

Una élite de personas con creencias religiosas involutivas, que atesoran un gran conocimiento de la psique humana y de la Ley Natural, y que usan esa diferencia de conocimiento para manipularnos y someternos.

Aunque se podría escribir todo un libro (o varios) sobre este tema, aquí vamos a centrarnos en desmontar los mitos que legitiman la existencia de la correa de transmisión del mal: el estado. (Sí, a partir de ahora voy a escribirlo con minúscula: no es Dios).

Si te fijas, todas las políticas internacionales ideadas por ingenieros sociales que nadie ha elegido, solo se pueden imponer a través del estado.

Por eso te digo que es la correa de transmisión del mal. Sin la coacción que implica el estado, tal y como lo entendemos a día de hoy, no estarías obligado a obedecer las órdenes de psicópatas que quieren controlar y someter.

El estado es el eslabón que permite imponer cualquier tipo de agenda, ya que es el monopolio de la violencia.

Esta institución mafiosa es la que garantiza que la sociedad se ordene de arriba hacia abajo —de una élite hacia el resto— en lugar de organizarse de abajo hacia arriba, con pequeñas comunidades que se autogobiernan.

Si te fijas, todas las grandes tragedias de la historia han sido cometidas por locos al frente de estados. Hitler en Alemania, Stalin en la URSS, Mao en China... Es fácil concluir que un estado grande es peligroso para sus ciudadanos.

El estado es la centralización del poder. Cuanto más poder tiene el estado del que formas parte, más capacidad tiene para robar tu soberanía.

Ahora vamos a ir más allá: como buenos soberanos, vamos a cuestionar los fundamentos mismos de la legitimidad del estado, trascendiendo la cultura estatal con la que hemos sido adoctrinados a través del sistema educativo, de los medios de comunicación y de nuestro entorno social.

LA ESTAFA DE LA "AUTORIDAD" POLÍTICA

La mayoría estaremos de acuerdo en que, en un mundo ideal, el estado no debería existir. Porque la existencia del estado moderno implica, inexorablemente, la obligación a través de la violencia física.

El estado viola constantemente el Principio de No Agresión, por lo que carece de toda ética y moralidad.

Si te fijas, el estado, al igual que la monarquía, está basado en el concepto inventado de la "autoridad", es decir, la creencia de que unos seres humanos tienen más derechos que otros.

El concepto de autoridad política se basa en la falsa creencia de que existen dos clases de personas:

1. Una clase gobernante con el derecho a decretar órdenes y de hacerlas obedecer por medio de la violencia.

2. Una clase gobernada que tiene la obligación moral de obedecer dichas órdenes.

Por tanto, el concepto de autoridad política, si lo despojamos de toda ideología y condicionamiento, tiene una verdad muy sencilla: significa que unas personas tienen más derechos que otras.

Pero como ya hemos visto al hablar de la Ley Natural, todos los seres humanos gozamos de los mismos derechos por naturaleza. Y, por tanto, nadie tiene el derecho a imponer sus deseos sobre los demás sin un consentimiento claro.

EL "DOBLEPENSAR" ESTATAL

La religión del *estatismo* (sí, es una religión con sus dogmas —leyes—, sus templos —congresos— y sus sacerdotes —jueces—) se fundamenta en la falsa creencia de que un grupo de personas tiene derecho a hacer cosas que entendemos que las personas "normales" (la clase esclava) no tenemos derecho a hacer.

Por ejemplo:

¿Se convierte la violencia mágicamente en un derecho cuando es llevada a cabo por el estado?

¿Robar se convierte en un derecho cuando el estado nos quita coactivamente una parte de nuestros ingresos, aunque nosotros no estemos de acuerdo en cómo se administran y dónde se invierten dichos impuestos?

Si nos atrevemos a pensar fuera de la caja, observamos que tú y yo no tenemos derecho a hacer ciertas acciones porque son inmorales, pero otras personas, solo por pertenecer a un grupo especial, sí pueden. ¿Lo ves?

Por un lado, creemos, acertadamente, que robar, coaccionar o iniciar violencia es algo incorrecto. Pero, por otro lado, lo aceptamos si lo hace un grupo de personas llamado estado.

Esto se llama disonancia cognitiva o, como lo llamó Orwell en su novela distópica *1984*, "doblepensar". Significa mantener dos ideas contradictorias en la mente sin cuestionarlas.

En este caso, las dos ideas que se contraponen son:

1. Creemos que somos iguales y tenemos los mismos derechos.

2. Creemos que hay un grupo de personas que tienen derecho a gobernar sin consentimiento.

Por supuesto, esta disonancia cognitiva no se genera porque seamos tontos, sino porque hemos sido condicionados desde muy pequeños para creer en mentiras.

A la vez, también hemos sido adoctrinados para no buscar la verdad, de hecho, para que *no nos importe la verdad*, solo nuestros intereses egoístas.

Cada vez que se cuestiona un "doblepiensa", la mente se defiende para no sufrir. Entonces recurre a todo tipo de información y creencias adquiridas desde la infancia para seguir aferrándose a la disonancia cognitiva.

Pero una vez has visto las inconsistencias, ya hay una semilla en tu mente que no dejará de crecer.

LAS 5 CLAVES DE LA PROPAGANDA ESTATAL

En el Antiguo Régimen la monarquía absoluta defendía su posición inmoral a través de ideas como el derecho divino, y usaban el miedo al infierno para evitar la rebelión.

Hubo un momento en el que hubo *un cambio en la consciencia*, gracias al cual nos dimos cuenta de que las justificaciones de la monarquía absoluta eran falsas.

Sin embargo, una vez la gente dejó de aceptar la monarquía como autoridad política, se debía proporcionar alguna otra forma de controlar, construyendo un nuevo engaño más sofisticado que el anterior.

Se construiría el Estado moderno, en el cual ya no sería un solo rey quien ostentara el poder, sino que serían un grupo de individuos. Al diluir la centralización del poder, este ya no se podría personificar, y esto confundiría a la gente.

Incluso se les permitiría votar, para que tuvieran la ilusión de la libertad. Como si un esclavo al que se le permitiera votar qué amo quiere fuera menos esclavo.

Igual que las monarquías absolutas se justificaban con el derecho divino, el estado nación actual se sostiene sobre cinco pilares principales que pretenden legitimar su posición. Vamos a explorarlos.

1. La democracia

Es el gran artífice, el dios más incuestionable del panteón construido por el estado. La democracia, tal y como la entendemos en el estado actual, es simplemente el poder de la mayoría sobre la minoría.

Está claro que el hecho de que una mayoría defienda algo, no significa que ese algo pase a ser una acción correcta.

Si 10 personas nos juntamos en una habitación y 6 de ellas nos ponemos de acuerdo en que el asesinato es correcto… ¿Pasa a serlo?

Los dueños de este sistema tienen muy claro que la gran mayoría de las personas —la masa— son extremadamente manipulables, porque no entienden prácticamente nada de lo que estamos hablando en este libro.

Es por eso que se usa la democracia, ya que permite que la mayoría ignorante tome decisiones que afectan a la minoría de individuos que son realmente sabios y soberanos.

Además, por supuesto, la democracia da una sensación falsa de libertad. La manipulación consiste en que te dan la opción de elegir entre varios partidos políticos. Sin embargo, todos ellos tienen algo en común: son estatistas. Todos quieren el poder del estado.

Por tanto, elijas a quien elijas el estado y las clases dominantes ligadas a él seguirán dominando. La libertad está en la ausencia de estado, es decir, en la ausencia de violencia y coacción sistemática. Como dijo Lysander Spooner:

"Un hombre no es menos esclavo porque se le permita elegir un nuevo amo tras un período de tiempo"

Otro de los engaños de la democracia es que creemos que por votar a un grupo de personas que nos gobiernen, estos pasan a tener derechos que los individuos no tienen.

Me explico. Si un individuo no tiene derecho a robar ni a matar, un grupo de personas (formado por individuos) tampoco tiene esos derechos, aunque alguien le haya votado.

En este caso, vemos cómo a los políticos se les otorgan (o más bien se autoadjudican) privilegios por los que pueden emitir órdenes de confiscar bienes ajenos, prohibir actividades o iniciar guerras.

Nada de esto se le permitiría a un individuo, pero sí se le permite a un grupo de individuos simplemente porque una mayoría de las personas les ha votado. Pero la verdad es la siguiente:

Los derechos que los individuos no tienen por sí mismos no pueden tenerlos los grupos. No se pueden delegar acciones incorrectas a un grupo y que estas pasen a ser correctas mágicamente.

2. El contrato social

El contrato social fue una idea acuñada por Rousseau, una mente inteligente que, sin embargo, trabajó para los poderes del estado. La inteligencia (o más bien el intelecto) al servicio del poder establecido.

Por cierto, como dice Andrés Caramés, esto ha ocurrido con la mayoría de los intelectuales de la historia, que han sido recaudados a través de muy buenos sueldos (salidos de los impuestos) por las clases gobernantes con el fin de difundir su propaganda.

En este caso, Rousseau contribuyó a la idea falsa de la autoridad política a través de la teoría del contrato social. Una teoría totalmente falsa y errónea.

En su teoría, Rousseau, como buen siervo de las clases gobernantes, trata de justificar la existencia del estado para que represente la voluntad general, cuando esta es una abstracción que no existe en realidad.

La voluntad general acaba siendo la voluntad de la mayoría, la cual ya hemos dicho que puede ser corrompida e inmoral. Al final, los derechos individuales acaban siendo pisoteados por igual con la excusa del bien común.

Como muchos pensadores, Rousseau acierta bastante con el fin a conseguir como humanidad, pero se pierde en los medios. Recorre a un atajo que lo lleva a justificar lo que precisamente él detestaba: la desigualdad.

No se da cuenta de que él quiere un gobierno (es decir, una clase gobernante, desigual a la clase gobernada) para construir un mundo más igualitario.

Pero es que más allá de todo ello, vamos a revisar qué es un contrato.

Un contrato es un acuerdo, generalmente escrito, por el que dos o más partes se comprometen recíprocamente a respetar y cumplir una serie de condiciones.

Es decir, un contrato requiere el consentimiento de todas las partes implicadas. Evidentemente, ninguno de nosotros ha firmado jamás un contrato con el estado.

Por otro lado, los contratos, como por ejemplo el matrimonio, implican que las dos partes se pueden desasociar unilateralmente.

Los seres humanos tenemos derecho a asociarnos o no asociarnos con quien queramos, y en la relación con el estado no hay voluntariedad de ningún tipo, ya que no podemos desasociarnos de él.

Actúa como un parásito que impone su voluntad por la fuerza.

Por último, en los contratos siempre hay una tercera parte que actúa como árbitro para resolver conflictos entre las dos partes. Sin embargo, con el estado esto no ocurre, ya que él mismo es el árbitro.

Imagina que en un partido de fútbol el árbitro fuera un jugador de uno de los equipos. ¿No tendría sentido, verdad? Pues eso mismo.

3. El estado del bienestar

Bajo la premisa de que el estado se encargue de cuidar de todos, el estado del bienestar da la justificación para robarnos de forma indiscriminada y para anular nuestra capacidad de elección.

Los servicios que te da el estado los tienes que pagar sí o sí, aunque no te parezcan la mejor opción. No hay libertad de consumir o dejar de consumir lo que deseas, sino que te obligan a través de violencia.

Se nos engaña haciéndonos creer que los servicios públicos son gratuitos, cuando los pagamos todos nosotros con la riqueza que generamos. Mucha parte de esta riqueza nunca llega a nuestros bolsillos, y por eso no la tenemos en cuenta.

Este dinero, en lugar de ser vigilado por el contribuyente, se pierde entre una maraña de políticos y burócratas que no le dan valor porque no saben lo que ha costado generarlo.

Si nosotros nos quedáramos con ese dinero que se nos quita coactivamente a través de impuestos, lo podríamos aprovechar para generar ahorro, tener mejores servicios y construir instituciones verdaderamente solidarias que velen por la comunidad.

Si el estado no ha sido capaz de acabar con la pobreza, la promesa del estado del bienestar no se ha cumplido.

Además, el estado del bienestar no genera cohesión social, como dicen algunos. Más bien todo lo contrario. Al *robar* la responsabilidad de cada uno de cuidar de su comunidad, la sociedad queda atomizada.

Los individuos dejan de preocuparse unos por otros, ya que tienen la creencia de que el estado se ocupa de eso. Es ideal para hacer la vista gorda y olvidar la responsabilidad social como ciudadanos.

Se sustituyen las redes de seguridad naturales, en las que existe una ayuda mutua y beneficiosa para ambas partes (tú por mí, yo por ti), por un estado del bienestar totalmente impersonal, cuya raíz no es la solidaridad, sino la violencia, y cuyo objetivo no es el bien del prójimo, sino crear dependencia y sumisión.

4. El bien común y el nacionalismo

Ya en las monarquías del Antiguo Régimen, un engaño muy extendido era el patriotismo o el nacionalismo. Esta ideología se inventó para que la gente sirviera al rey en sus guerras.

Se pervirtió el amor natural por la tierra o por la comunidad por el vasallaje artificial hacia el rey o el estado. Esto se hizo a través de la confusión, haciendo creer que *defender al rey era equivalente a defender la tierra que amaban.*

Hoy en día, estos engaños los vemos en la idea del "bien común". Se hace creer que los intereses del estado son los intereses de la gente. Que defender el estado es defender la nación en la que vives.

Nada más lejos de la realidad. El origen del estado no es benévolo. El estado no somos todos. Tal y como la realidad nos demuestra, los estados no sirven al pueblo, sino que se sirven a sí mismos y a los poderes que los dirigen desde la sombra.

Más allá de esto, la misma idea del "bien común" es cuestionable. Porque, ¿quién decide qué es el bien común?

Además de que normalmente las políticas de bien común no tienen consentimiento por parte de los ciudadanos y se ejercen a través de la violencia (¿el fin justifica los medios?), hay dos aspectos importantes a tratar.

El primero es que el estado no tiene la información suficiente para saber qué es el bien común. Tal y como menciona Friedrich

Hayek en *Camino de servidumbre*, el conocimiento en la sociedad es disperso y descentralizado. Por eso…

Un ente centralizado no tiene el conocimiento suficiente para tomar la mejor decisión o para saber qué es lo que realmente significa el bien común.

Por último, no debemos olvidar que el estado está compuesto por seres humanos, no por ángeles. Esto implica que los políticos actúan movidos por intereses personales y están incentivados a buscar su propio beneficio, no el de la sociedad.

La realidad es que no hay nadie que tenga el derecho de elegir arbitrariamente cuál es el bien común pisoteando los derechos individuales.

Y esto no significa que no debamos orientar nuestra vida al bien de los demás. Todo lo contrario. Lo que significa es que nadie tiene el derecho de imponer a través de la violencia lo que es el bien; porque entonces dejaría de ser el bien, al igual que ayudar a los pobres por obligación deja de ser caridad.

5. La redistribución de la riqueza

Otra de las grandes justificaciones del estado es que dice que tiene que controlar el mercado. Es decir, que tiene que controlar el libre intercambio de mercancías y servicios entre personas.

Desde siempre, la autoridad política ha sido enemiga del comercio libre, ya que este descentraliza el poder y hace a las personas más soberanas e independientes, además de que genera tejido social.

Se nos bombardea con la idea de que el libre mercado es malo, porque supuestamente los empresarios explotan a la clase trabajadora.

Es curioso que esto te lo diga el político de turno, cuando él sí está cobrando un sueldo que procede de los impuestos, los cuales sí que son un robo, ya que no existe consentimiento.

La realidad es que no estamos en un sistema de libre mercado, ya que el dinero lo controlan instituciones centralizadas. Esto lo descubrirás dentro de muy pocas páginas, en el siguiente capítulo.

Comprobarás lo más gracioso: es verdad que el estado redistribuye la riqueza, pero no lo hace de los ricos a los pobres, sino precisamente al revés, al permitir y participar en un sistema financiero que es una estafa.

Los 5 engaños de la propaganda estatal

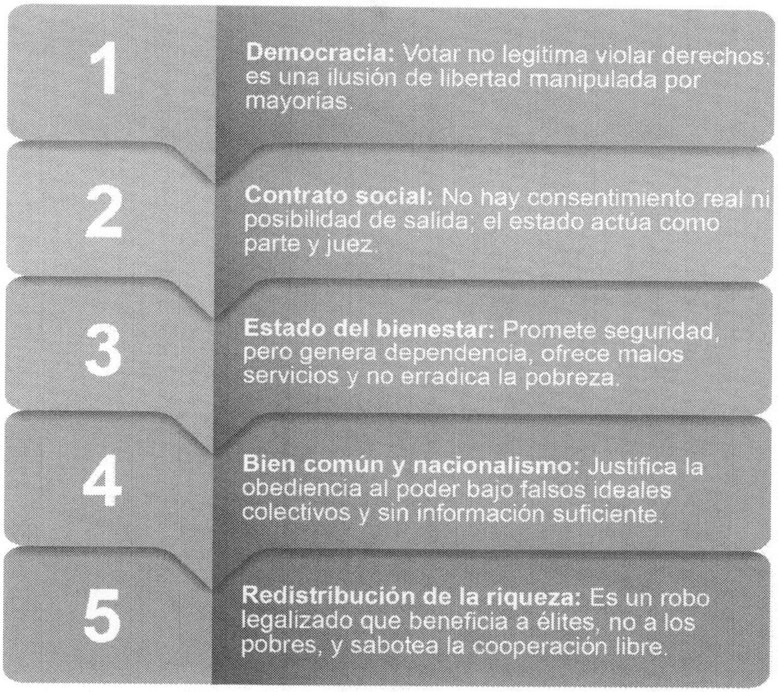

EL EUFEMISMO DE LOS IMPUESTOS

La ilegitimidad del Estado la podemos observar claramente a través de los impuestos, ya que estos son la columna vertebral de este aparato.

Por eso, el tema de los impuestos es crucial y, por este motivo, es en el que hay más capas de propaganda para ocultar la sencilla verdad.

Si cualquier persona viniera armada a tu casa y te reclamara que tienes que darle un 50 % de tus ganancias, ¿qué le dirías? ¿Creerías que está en su derecho?

Incluso si dijera que ese dinero es para el bien común y te amenazara con encarcelarte si no se lo das, ¿no te defenderías o denunciarías un robo?

Entonces, si un criminal no tiene derecho a hacer eso, ¿qué cambia cuando es un grupo de personas que forman parte del gobierno los que te obligan a pagar una parte arbitraria de tu sueldo sin tu consentimiento?

Repito, aunque te digan que es por el bien común y te den todo tipo de justificaciones. ¿Qué cambia? ¿Acaso estas personas tienen más derechos por arte de magia?

Por cierto, la palabra justificación viene del latín *jus* (derecho) y *facere* (hacer o crear). Por lo tanto, justificar significa literalmente *crear un derecho*, es decir, hacer pasar un no-derecho por un derecho.

En este caso, a un no-derecho como robar se lo justifica de mil maneras para darle apariencia de derecho.

Estamos de acuerdo en que las mafias siempre se han caracterizado por hacer obras sociales, y no por ese motivo dejamos de creer que son organizaciones criminales.

Y aclaro: no estoy en contra de contribuir al bien común, todo lo contrario. Ya hemos visto que la ética es un pilar fundamental en la relación del sabio con el mundo, y que la moral es directamente proporcional con la libertad.

Eso sí, el fin no justifica los medios; como hemos visto hablando de los principios morales, la clave es la voluntariedad, y el contribuyente es el que debe tener el poder de retirar su aportación si está descontento con la manera en la que se administra *su* dinero.

No estoy en contra del qué, sino del cómo. Porque cuando el cómo es inmoral, el qué deja de tener importancia.

Además, estaremos de acuerdo en que la esclavitud se define porque una persona está sometida a otra, el amo, el cual extrae el 100 % del fruto del trabajo del esclavo sin consentimiento.

Pero, ¿cuál es la medida en la que una persona deja de ser esclava? Si en lugar de ser el 100 % del fruto del trabajo es el 50 %, ¿ya no es esclavitud?

EL ESTADO IMPLICA ESCLAVITUD

Al fin y al cabo, si nos dejamos de eufemismos, la existencia del estado (tal y como lo conocemos en la actualidad) implica la esclavitud del ser humano. Deja que te explique.

La esclavitud es la posesión de una persona como propiedad, especialmente en relación con su trabajo.

Si lo miramos de forma fría y objetiva, todos nosotros somos propiedad del estado. Desde que nacemos, somos registrados como miembros y después pasamos a tener un Documento Nacional de Identidad.

Curiosamente, nuestro nombre en estos documentos se escribe con letra mayúscula, igual que el nombre de los ciudadanos que perdían su libertad y pasaban a ser esclavos en la antigua Roma.

Más allá de estos detalles, que suelen pasar desapercibidos y no por ello son menos importantes, el estado se toma el derecho de robar arbitrariamente el fruto de nuestro trabajo.

Además, cobra impuestos por nuestras posesiones, lo cual significa que ni siquiera tu casa o tu coche son verdaderamente tuyos, sino que son del estado. Y este te da permiso para que lo uses.

La realidad es que si estás obligado a pagar por poseer algo, ese algo no es tuyo, sino del que te obliga a pagar por ello.

El estado también nos trata como su propiedad cuando nos obliga —especialmente a los hombres— a ir a la guerra, cuando no somos nosotros los responsables de ella, y los verdaderos artífices del conflicto se quedan agazapados en sus despachos.

Por supuesto, este último caso se tiñe con la propaganda del patriotismo o el nacionalismo, pero la realidad es la que es.

El estado también nos trata como su propiedad cuando se endeuda con los bancos centrales a nuestra costa. De hecho, los ciudadanos somos el aval de la deuda infinita de los estados.

Por supuesto, también nos trata como su ganado cuando nos dice qué sustancias no podemos meter en nuestro cuerpo, aunque no hagamos daño a nadie. Se creen dueños de tu cuerpo, amigo.

Como dijo Ayn Rand…

«La minoría más pequeña de la tierra es el individuo. Los que niegan los derechos individuales no pueden pretender ser defensores de las minorías»

USA LA IMAGINACIÓN

Cuando me preguntan sobre las sociedades sin estado, me doy cuenta de la falta de imaginación que tienen las personas.

No pueden concebir la idea de que todo lo que hace ahora el estado se pueda hacer de una manera que no se sustente en la violencia y la coacción.

Por supuesto, no todo lo que hace el estado genera malos resultados. Pero en la forma de hacerlo es donde se esconde el mal. El fin no justifica los medios. Los esclavos generaban riqueza, y no por eso se justifica su esclavitud.

Todo lo que crees que solo puede proporcionar el estado, como sanidad, educación o carreteras, se puede hacer de otras maneras.

Es normal que tengas miedo, pero si todos estamos de acuerdo en contribuir para tener una sanidad accesible para todos, ¡la podemos crear sin la coacción estatal!

Nos han hecho creer que el ser humano necesita que lo obliguen a hacer lo que es beneficioso para él, pero no es así.

En libertad, el ser humano puede reconocer lo que es bueno para él, y darse cuenta de que la cooperación y el apoyo mutuo son el camino.

Sé que esperas respuestas concretas sobre cómo sería una sociedad sin estado. Pero no te voy a dar las respuestas, prefiero que las encuentres por ti mismo y que entrenes tu atrofiada imaginación.

En todo caso, yo no tengo todas las respuestas, pero no las necesito. Sé que con mayor libertad, mayor será la cooperación entre humanos.Y desde esa cooperación, uniendo la imaginación de muchos seres, surgirán soluciones extraordinarias para todos los retos que se nos presenten.

Por eso es tan importante usar la imaginación. Sin ella, no podemos concebir nuevas formas de organización ni soluciones distintas a las impuestas.

Ya que toda realidad se crea primero en la mente y después en la materia, la imaginación es el primer paso para mejorar la realidad existente.

Sin imaginación, no hay cambio posible, ni a nivel individual ni colectivo.

La muerte de la imaginación es el síntoma de un control mental absoluto. Y en este estado se encuentran la mayoría de personas.

Ante el miedo a un posible caos, defienden la legitimidad del gobierno. Por tanto, de hecho están defendiendo que es legítimo perpetuar la violencia y la esclavitud.

Aquellos que, por miedo al caos, han sido adoctrinados para creer que la autoridad debe continuar, han sido condicionados para creer que la esclavitud humana es necesaria para impedir el caos.

Pero como dice Mark Passio:

La violencia y la esclavitud no pueden impedir el caos, porque *son* el caos mismo institucionalizado.

Ahora bien, ¿es el estado, con su monopolio de la violencia, el único responsable del estado de esclavitud en el que estamos?

No. Hay otro axioma que debes tener claro: quien controla el dinero, controla el mundo. Bienvenido a la gran estafa del sistema monetario.

Capítulo 11

EL ENGAÑO DEL DINERO

"Es más fácil engañar a la gente que convencerla de que ha sido engañada".
Mark Twain

En este capítulo voy a abordar un tema increíble: cómo la élite financiera, con la intención de someter a la humanidad, está consiguiendo quedarse con todas las propiedades de la Tierra.

Cuando acabes de leerlo, entenderás mucho mejor esa frase que no dejan de repetir los voceros de la Agenda 2030: "No tendrás nada y serás feliz".

Y por supuesto, comprobarás que el motivo de esto no es el libre mercado, como creen la mayoría de las personas que no se han puesto a investigar en serio sobre el tema.

De hecho, comprobarás que el núcleo mismo del sistema en el que vivimos tiene mucho más que ver con el socialismo que con el libre mercado.

Evidentemente, en este capítulo no voy a poder destaparlo todo, pero te ofrezco las claves fundamentales para que sigas investigando por ti mismo los entresijos del sistema monetario.

Hablaremos de los que, para mí, son los tres puntos claves de este engaño monumental:

1. La trampa del dinero débil
2. Cómo se crea dinero de la nada
3. Las consecuencias nefastas de la creación de dinero

¡Empezamos!

EL BUEN DINERO ES RESERVA DE VALOR

Tal y como explicó Carl Menger, padre de la Escuela Austríaca de Economía, para que un producto sea dinero tiene que tener una característica clave: servir como reserva de valor, permitiendo a su propietario conservarlo y almacenarlo.

Para ser reserva de valor, el dinero debe ser inmune al deterioro y la degradación. Por este motivo, a lo largo de la historia se han usado metales, que no se desgastan con facilidad.

Sin embargo, hay otro motivo que destroza al dinero como reserva de valor. Para que los propietarios del dinero puedan preservar el valor, es necesario que *no aumente drásticamente la cantidad de dinero.*

Esto es así porque si el flujo de dinero nuevo es elevado en relación con el dinero preexistente, ese dinero preexistente, los ahorros, pierden valor al quedar diluidos.

Veámoslo con un ejemplo sencillo: imagina que tienes un vaso con 50 % agua y 50 % azúcar. El agua representa el dinero, y el azúcar representa el valor. Si bebes el agua, notarás que está dulce.

Ahora imagina que vengo con más agua y la vierto en el vaso. ¿Qué ocurre? Al aumentar la cantidad de agua, el azúcar se diluye. Pruebo la misma cantidad de agua y ahora está menos dulce.

Es decir, cuando entra de golpe mucho dinero nuevo en circulación, el valor tiene que repartirse entre más cantidad de dinero.

Esto provoca que tengas la misma cantidad de dinero, pero con menor valor. Vas al supermercado y con los 100 € con los que antes comías durante dos semanas, ahora solo te dan para una semana. Es decir, pierdes poder adquisitivo.

Pues bien, cuando una moneda es muy fácil de crear, la llamamos *moneda débil*. Porque se devalúa fácilmente.

Cuando una moneda es difícil de crear, la llamamos *moneda fuerte o sólida*. Porque conserva su valor en el tiempo.

No hay ninguna duda de que el dinero que usamos hoy en día es una moneda débil, ya que se está devaluando constantemente gracias a que es la moneda más fácil de crear en toda la historia de la humanidad.

¿Por qué? Porque es dinero fiduciario.

EL DINERO FIDUCIARIO

El dinero que usamos actualmente carece de valor intrínseco. No está vinculado a un activo real como el oro o la plata, como sí lo estuvo en el pasado.

Lo único que le da valor es nuestra *fe o confianza* en los organismos que lo emiten, que son el estado y los bancos centrales.

Por eso al dinero que usamos se le llama dinero fiduciario, porque la palabra fiduciario procede del latín *fiducïa*, que significa confianza.

Esto no siempre ha sido así. Hubo una época en la que los billetes que se usaban estaban vinculados a un material escaso: el oro. Es lo que se llamó el patrón oro.

Esto es importante, porque el oro sí que era una moneda sólida, al no poder crearse y ser de difícil extracción.

En época del patrón oro, en principio podías ir al banco con un billete y te tenían que devolver su valor correspondiente en oro.

Sin embargo, después de la Segunda Guerra Mundial, en los acuerdos de Bretton Woods, se decidió que no hacía falta que los países tuvieran reservas de oro.

Al convertirse Estados Unidos en la nueva superpotencia mundial, todas las monedas internacionales estarían respaldadas por el dólar. A su vez, el dólar sí que mantendría el patrón oro.

Sin embargo, Estados Unidos empezó a crear más billetes que el oro que atesoraban. ¿¡Cómo?! Tranquilo, en unas páginas entenderás mejor.

Cuando los países europeos se lo olieron y empezaron a canjear sus dólares por oro, el presidente de Estados Unidos, Richard Nixon, declaró que el dólar dejaba de ser canjeable por oro.

Fue la única manera que tuvo de evitar un pánico bancario colosal, ya que si todo el mundo hubiera ido a buscar su oro en el banco, solo los primeros lo hubieran podido retirar.

En principio, la medida de Nixon era temporal. Pero eso fue el 15 de agosto de 1971, y desde entonces nunca más volvimos al patrón oro. Supongo que lo de "temporal" es muy relativo.

Es decir, hoy en día ya no hay un patrón fijo como con el oro, sino que se puede crear dinero de la nada, de forma ilimitada, sin tener que rendir cuentas a nadie.

Al no estar respaldado por ningún activo limitado, los bancos y los gobiernos tienen la capacidad de crear tanto dinero como ellos deseen. Por eso nuestro dinero es tremendamente débil.

Pero ahora viene la gran pregunta: ¿cómo puede ser que se permita crear dinero de la nada? ¿Cuál es el mecanismo perverso que lo hace posible? Hablemos del sistema de reserva fraccionaria.

LA RESERVA FRACCIONARIA

Este perverso sistema nació cuando las personas guardaban ellas mismas sus bolsas de oro. En muchos casos las perdían o sufrían robos. Es decir, existía un problema de seguridad.

En ese momento hubo mercaderes que vieron la oportunidad de negocio y empezaron a ofrecer un servicio con el que pudieran proporcionar esta seguridad. Así nacieron los primeros banqueros.

Ofrecían a la gente la posibilidad de guardar su oro de manera segura. Para ello, instalaban una caja fuerte en su local comercial y entregaban a cada cliente un recibo con el que podían retirar su oro cuando quisieran.

Su modelo de negocio era claro: ofrecían guardar el oro a cambio de una tasa de almacenaje. El negocio triunfó, porque reducía las probabilidades de robo y el recibo era mucho más fácil de esconder.

Por supuesto, la reputación de los mercaderes que tenían este negocio debía ser intachable. La gente no confiaba su dinero a cualquiera.

Con el tiempo, los ciudadanos dejaron de comerciar directamente con el oro y simplemente lo hacían con los recibos, dando lugar a los billetes actuales. En todo caso, la gente sabía que en cualquier momento podía canjear sus billetes por oro.

EL ORIGEN DE LA TRAMPA

Con el paso del tiempo, ya nadie intercambiaba sus billetes por oro. Como la gran mayoría de oro siempre se mantenía en la caja fuerte, los banqueros reflexionaron sobre cómo podían aprovecharse de esta situación para aumentar su beneficio.

Hasta entonces, para obtener un préstamo, una persona tenía que estar dispuesta a renunciar al oro o al resguardo por un tiempo determinado. Con el nuevo invento de los banqueros, esto ya no era necesario.

A los banqueros se les encendió la bombilla. Atento a esto porque es la clave de todo para entender la estafa del sistema financiero:

Se dieron cuenta de que podían imprimir más recibos que el oro que tenían guardado.

Pongamos un ejemplo: imagina que eres un comerciante de frutas y depositas 100 gramos de oro en el banco. El banquero, naturalmente, te entrega un resguardo por esos 100 gramos.

Pero ahora, el astuto banquero presta 90 gramos de tu oro en efectivo al carnicero. Fíjate, ¡acaba de surgir dinero nuevo de la nada!

Tú tienes tu resguardo de 100 gramos de oro, que todo el mundo aceptará. Y el carnicero tiene 90 gramos de oro en efectivo. Por lo que tus 100 gramos de oro se han convertido en 190 gramos. ¡Magia!

El único problema para los bancos es que deben ir con mucho cuidado, porque si conceden demasiados préstamos falsos, los ciudadanos pueden sospechar y darse cuenta de que hay demasiados resguardos circulando.

Esto desencadenaría el pánico, ya que la gente iría a buscar su oro en el banco y los últimos en llegar se darían cuenta de que no queda oro para ellos. Después veremos qué función tienen los bancos centrales en relación con esto.

En definitiva, este es el sistema de reserva fraccionaria que sigue vigente hoy en día gracias al beneplácito de los gobiernos.

Se llama *reserva fraccionaria* porque los bancos no tienen que guardar todo tu dinero, sino que pueden quedarse con una pequeña fracción del mismo y prestar el resto.

De hecho, en la Unión Europea los bancos solo tienen que reservar el 1 % de los depósitos.

Es decir, pueden prestar el restante 99 %. Eso sí, cometiendo un fraude colosal, ya que en tu cuenta bancaria no ves que están prestando tu dinero. Tú mantienes la misma suma y confías en que, si necesitas retirarlo, lo vas a obtener.

Gracias a esta astuta triquiñuela, los banqueros prestan dinero creado de la nada y además cobran intereses por ello. Sobre esta estafa monumental se ha construido todo el sistema financiero.

Por eso, Henry Ford dijo…

"Si la gente supiera cómo funciona el sistema bancario y monetario, creo que habría una revolución antes de mañana por la mañana".

¿Tiene esto algún sentido? ¿Beneficia esto a la población, el generar más dinero de la nada? No, más bien todo lo contrario. ¿Y qué hace el estado? Como siempre, ser la parte esencial del problema.

¿QUÉ PINTA EL ESTADO EN TODO ESTO?

Según los creyentes en la religión del estado, este organismo tendría que poner límite a la estafa del sistema monetario. Sin embargo, no solo no le pone límite, sino que colabora con ella.

Está claro que el estado, con su afán mafioso, necesita mucho dinero para hacer "obras sociales" y crear dependencia entre la población. Pero no puede servirse solamente de impuestos para hacerlo, porque estos no son muy populares.

El rey, o los miembros del estado (son lo mismo) pueden aprovecharse del sistema de reserva fraccionaria y obtener préstamos a un interés muy bajo para sufragar todos sus costes.

Por este motivo, el estado crea leyes que permiten a los bancos crear dinero de la nada (la legalización del robo), porque el primer beneficiado de estos préstamos artificiales será el mismo estado.

¿Ahora entiendes por qué los estados están tan endeudados? ¿Y ya sabes quién paga los intereses de esa deuda que se ha creado de la nada? Exacto: tú, yo. Todos los que formamos parte de la clase esclava que no puede crear dinero de la nada.

De esta forma, se crea un sistema de esclavitud perfecto: el estado tiene el monopolio de la violencia y los bancos tienen el monopolio del dinero. Ambas partes se benefician del acuerdo a costa de toda la población.

La intervención del estado es clave, como siempre, porque obliga a través de la violencia. El dinero a utilizar ha dejado de ser una elección libre por parte de la población (como lo fue en su origen) y ahora es una imposición del estado. Los ciudadanos no podemos elegir una moneda sólida de forma voluntaria.

El estado crea *la moneda de curso legal* y prohíbe usar otro dinero. Es decir, literalmente los bancos pueden crear billetes falsos, pero si tú hicieras lo mismo, irías directo a la cárcel. Supongo que solo quieren eliminar la competencia.

En el pasado, con el patrón oro, por lo menos había un límite natural a la creación de dinero. Los bancos y estados podían estafar, pero no al nivel de hoy en día con el dinero fiduciario, con el que pueden crear dinero de manera ilimitada.

Antes, en caso de pánico bancario, las reservas de oro suponían un problema, ya que no se podía devolver el oro a todo el mundo que lo pidiera. Al no existir el patrón oro desde 1971, las élites se han deshecho de este problema.

¿QUÉ PINTAN LOS BANCOS CENTRALES EN TODO ESTO?

Como estamos viendo, existe un grupo de instituciones que se ha auto otorgado el privilegio de crear dinero, mientras que, si cualquiera de nosotros intentara hacer lo mismo, acabaría en prisión.

Ya hemos explicado cómo los bancos comerciales, a través de la reserva fraccionaria, pueden crear dinero de la nada, prestando aquello que no tienen. Esto, por supuesto, es un robo. Un robo legalizado por el estado, pero al fin y al cabo, un robo.

Pues bien, para evitar que los estados quebraran y los bancos comerciales se quedaran sin liquidez en caso de pánico bancario, se crearon los bancos centrales. Estos son los bancos de los bancos, *los prestamistas o rescatadores de última instancia.*

Los principales que seguro que conoces son la Reserva Federal de los Estados Unidos (Fed) y el Banco Central Europeo (BCE).

Estos organismos que nadie ha elegido tienen el monopolio de la creación del dinero. Directamente, imprimen dinero. Bueno, hoy en día lo crean electrónicamente, aún más fácil.

Los bancos centrales son como la mentira que necesitas crear para que no sea descubierta tu mentira inicial. En este caso, sirven para cubrir la estafa de la reserva fraccionaria.

De esta forma, los bancos no tienen ningún miedo a un pánico bancario, y así incluso pueden ser más agresivos en su sistema de creación de dinero de la nada.

Es como si el ladrón que entra a robar tuviera un seguro que le garantiza que, si lo atrapan, no le pasará absolutamente nada. No irá a prisión, no tendrá que indemnizar y no sufrirá ningún tipo de castigo.

Por lo menos, el ladrón común tiene mayor talla moral que la élite financiera, ya que está arriesgando. La élite financiera, con el apoyo de los estados y los bancos centrales, roba sin riesgo.

Por lo menos, hasta que despertemos.

LA MENTALIDAD SOCIALISTA Y EL CONTROL DE LA ECONOMÍA

Cabe remarcar que los bancos centrales forman parte del aparato estatal, es decir, no son fruto del libre mercado, sino de la mentalidad socialista que cree que se tiene que centralizar el poder y controlar a la población a través de la violencia y la coacción.

De hecho, en su "Manifiesto del partido comunista", Karl Marx detalla en el punto número 5 lo siguiente: «Centralización del crédito en manos del Estado, por medio de un banco nacional con capital estatal y un monopolio exclusivo». Acaba de definir al banco central.

Por tanto, el sistema económico tiene una raíz socialista, porque los estados y los bancos centrales controlan el dinero, que es la mismísima sangre del cuerpo económico.

Dentro de este delirio de grandeza que les lleva a creer que pueden crear el mundo a su antojo, los dirigentes de los bancos centrales manipulan artificialmente los tipos de interés.

Según ellos, lo hacen para "estabilizar la economía". Sin embargo, con sus intervenciones provocan precisamente lo contrario.

Esto es el núcleo del intervencionismo presente en los bancos centrales y en los estados: su coartada es que actúan para dar seguridad, pero en realidad crean el caos.

Este caos vuelve a justificar su existencia, en un ciclo sin fin. Sí, los bancos centrales y el estado son como un bombero pirómano.

El caso es que los bancos centrales bajan los tipos de interés artificialmente (al fin y al cabo, pueden crear dinero de la nada) para que haya muchos préstamos y se cree una aparente prosperidad.

Cuando se ha ampliado tanto la cantidad de dinero que todo se está encareciendo, entonces los bancos centrales suben los tipos de interés para que no haya tantos préstamos y el dinero se estabilice.

Al fin y al cabo, lo último que quiere el sistema es que la gente pierda la confianza en su dinero. Por eso, los bancos y los bancos centrales actúan con cierta cautela. Como decía Ludwig von Mises...

"Para que un bien siga siendo dinero, la opinión pública no debe creer que puede contar con un rápido e imparable aumento de su cantidad".

Eso sí, lo que curiosamente nunca permiten los bancos centrales es que los precios disminuyan. Cuando podría ocurrir eso, le dan a la máquina de imprimir y vuelven a inflacionar la moneda.

LAS 5 GRAVES CONSECUENCIAS DE ESTE SISTEMA MONETARIO

A estas alturas, ya puedes ver cómo el sistema financiero en el que estamos inmersos es una auténtica estafa porque se sustenta en una creación de dinero de la nada.

Pero la mayoría de la gente no es consciente del daño que nos está haciendo este sistema monetario, cada vez más. En poco más de 50 años desde que se acabó por completo el patrón oro, las consecuencias están siendo cada vez más devastadoras. Veamos las 5 consecuencias principales, que además nos servirán de resumen:

1. *La pérdida de poder adquisitivo*

La creación de dinero de la nada es el origen de la subida constante de los precios, que es una de las grandes armas del sistema para empobrecernos y evitar lo que nos ha hecho más ricos: el ahorro y la inversión.

Como ya explicamos al hablar del dinero sólido, uno de los factores fundamentales del buen dinero es que sirva como reserva de valor. Porque esto incentiva el ahorro. Y con ahorro se puede invertir.

Normalmente, al encarecimiento de los productos se le llama inflación. En realidad, la verdadera definición de inflación no tiene que ver con el encarecimiento de los precios, sino con la ampliación de la cantidad de dinero.

Es decir, la inflación no es una reacción, sino una acción. Al confundir los síntomas con la causa, pueden echar la culpa de la subida de precios a quien sea: los empresarios, una guerra o lo que sea para utilizar como cortina de humo.

A lo mejor te estás preguntando: ¿si crean tanto dinero de la nada, por qué los precios son relativamente estables? Muy simple: porque hemos aumentado la productividad.

En el ejemplo que te ponía del agua y el azúcar, hemos conseguido poner más azúcar en el vaso, lo que ha compensado en cierta medida la disolución del mismo.

Esto significa que, sin la creación absurda de dinero, los precios habrían bajado en lugar de subido.

¿Te imaginas que con tus ahorros cada vez pudieras permitirte más cosas? ¿Te imaginas que con el paso del tiempo la comida que te costaba 100 € ahora te cueste 80 €?

Esto es lo que tendría que haber pasado como consecuencia de la creación de riqueza. Eso es lo que te han robado.

El motivo de la inflación es simple y sencillo: al incrementar la cantidad de dinero en el mercado sin haber creado riqueza correspondiente, el dinero "viejo", nuestros ahorros, se devalúa inevitablemente.

Esto no sería un problema si hubiera libertad a la hora de elegir con qué dinero intercambiamos valor. Al fin y al cabo, el dinero es solo eso: un medio de intercambio.

El problema viene porque el estado tiene el monopolio del dinero. Nos *obliga* a aceptar una "moneda de curso legal" (aunque sea dinero malo, que se devalúa constantemente) y nos *prohíbe* usar cualquier otro tipo de dinero que las personas decidamos utilizar de forma voluntaria y consensuada.

2. *Los ricos son más ricos y los pobres, más pobres*

Este sistema monetario actúa como un parásito de la economía. Los que producimos valor real somos constantemente vampirizados, mientras la riqueza que generamos se transfiere hacia quienes tienen el privilegio de crear dinero... y hacia sus socios más cercanos.

Es decir, el estado, los bancos y las grandes corporaciones son los beneficiados de este sistema. Al ser los primeros en acceder al nuevo dinero creado de la nada, pueden empezar a comprar todo tipo de acciones o cualquier otra cosa cuando los precios aún no han subido por la inflación. Esto lo pueden hacer porque, además, tienen mucha capacidad para endeudarse.

Al final, lenta y progresivamente, la élite financiera se queda con las propiedades y el valor real de todos nosotros, acumulando la riqueza y, por tanto, el poder, cada vez más en sus manos.

Este es el verdadero origen de la desigualdad, y no el libre mercado, el cual ya hemos dicho que no existe desde el momento en que el sistema monetario está amañado y centralizado.

Esto no es nuevo, y se puede ver bien ejemplificado en lo que pasó en África occidental. Dicen que quien no conoce la historia, está condenado a repetirla.

Durante siglos, en África occidental se usaron cuentas de vidrio llamadas *aggry* como moneda de intercambio. Estas cuentas de vidrio eran muy escasas en la zona porque había muy poco de este material y no sabían trabajar el vidrio.

En el siglo XVI, cuando los europeos llegaron a África, observaron el gran valor que se le otorgaba al vidrio. En Europa, dichas cuentas tenían muy poco valor debido a que se podían fabricar fácilmente y, por lo tanto, eran *abundantes*.

Así que los europeos decidieron que importarían cuentas de vidrio desde Europa lenta y paulatinamente, y empezarían a comprar con ellas.

Al haber inyectado tanto vidrio nuevo en la zona, el vidrio preexistente empezó a valer mucho menos como moneda.

En poco tiempo, y sin darse cuenta, los africanos *habían vendido todo lo que tenía valor*, en especial tierras, a cambio de simples cuentas de vidrio que a los europeos les había costado prácticamente nada fabricar...

La estrategia que está siguiendo la élite financiera es exactamente la misma. Crean dinero de la nada y, poco a poco, van comprando todo lo que tiene un valor real.

Estamos vendiendo la verdadera riqueza por simples dígitos en una cuenta bancaria que tú y yo no podemos crear, pero ellos sí. ¿Entiendes la gravedad de la situación?

"No puede ser un engaño tan sencillo"... debes estar pensando.

Mira, desde los 11 años soy aficionado a la magia. Durante mi temprana adolescencia aprendí muchos trucos y me di cuenta de que, en muchas ocasiones, los engaños más difíciles de detectar son los más simples.

Son tan efectivos porque los seres humanos tenemos la costumbre de asumir demasiadas cosas. Somos ingenuos y, además, fáciles de distraer.

3. Crisis cada vez más largas e intensas

Los bancos centrales inyectan dinero nuevo y manipulan los tipos de interés de forma artificial, generando ciclos de expansión (burbujas) y recesión (crisis) que siempre terminan igual: con el enriquecimiento de la élite financiera y el empobrecimiento de la población general.

Un buen ejemplo es la crisis de 2008, en la que se propició el dinero fácil bajando los tipos de interés. Cuando se crea dinero de manera artificial, este se invierte mal. En esa ocasión, por ejemplo, se destinó ese dinero al sector inmobiliario, creando una burbuja.

En la época en la que los tipos de interés son bajos, hay dinero barato, es decir, muchos préstamos. Gracias a ello, las empresas pueden crecer. Hay más trabajo y la economía parece ir bien, por lo que la gente tiene más dinero.

Eso genera un aumento del consumo y se entra en un aparente círculo virtuoso en el que la economía no para de crecer. Las empresas se confían y piden más créditos para no quedarse atrás. Las familias se hipotecan.

¡Fiesta! ¡Euforia!

Entonces, los bancos centrales ponen el freno y suben los tipos de interés, por lo que el dinero se encarece. Ahora ya no es tan fácil recibir créditos. Las empresas y las familias tienen que pagar más intereses.

Esto provoca que el consumo decaiga. Se empieza a entrar en un círculo vicioso. La gente pierde el trabajo y ya no puede pagar sus deudas con el banco.

Ha llegado la resaca después de una noche de desenfreno. Y al final, ¿qué ocurre?

Que los bancos, que recordemos que habían prestado dinero creado de la nada, se acaban quedando con el capital y las propiedades que las personas habían puesto como aval.

Así, crisis tras crisis, la élite financiera nos roba la soberanía y consigue consolidar, aún más, su poder.

En definitiva, nos han convertido en esclavos de la deuda, en dependientes del sistema financiero. Como dijo John Adams, segundo presidente de la historia de los Estados Unidos...

"Hay dos maneras de conquistar y esclavizar a una nación. Una es con la espada y la otra es con la deuda".

Cabe subrayar que el problema no es la deuda ni el interés en sí mismos, sino el hecho de que sean decididos de forma centralizada y artificial.

La diferencia es que los intereses naturales surgen de que alguien ha ahorrado primero un dinero, y lo presta a otra persona a una tasa de interés que acuerdan las dos personas.

Naturalmente, esa tasa de interés es relativamente alta en relación con el tipo de interés artificial, porque el préstamo no se crea de la nada, sino que procede del ahorro.

En un sistema libre no parasitado, los tipos de interés se ajustan naturalmente. Cuando hay pocos ahorros, la oferta de préstamos es menor y, por este motivo, los tipos de interés suben.

Cuantos más ahorros hay en una sociedad, más oferta hay de préstamos, y, por tanto, los tipos de interés tienden a ser más bajos.

Es así de simple. Ocurre de forma orgánica, voluntaria y natural. No hay nadie que imponga ni hay gente que tiene que dictar desde su sillón cuáles deben ser los tipos de interés.

Nos han hecho creer que los necesitamos, pero es todo lo contrario. Estaríamos mucho mejor sin ellos.

4. Decadencia absoluta

Cada vez vivimos más ahogados. No es solo una sensación: basta con hablar con tus abuelos o con generaciones anteriores para comprobarlo.

Este sistema parasitario hace que cada vez tengamos que producir más, porque las empresas y los individuos simplemente no llegamos a cubrir costes y tenemos que pagar los intereses de la deuda.

Como todo sube de precio constantemente, tanto empresas como particulares se apresuran a endeudarse e invertir antes de que sea más caro. Así entran en la rueda del hámster: atrapados, pagando deudas perpetuas.

Por eso la música es cada vez peor, el cine también... todo baja de calidad, porque se produce rápido buscando beneficios inmediatos.

Si te fijas, cada vez hay menos genios. No existe un Miguel Ángel que se pase años construyendo una escultura maravillosa como el David.

Las deudas y la pérdida de valor del dinero no permiten embarcarse en grandes proyectos, que requieren tiempo.

Todo hay que producirlo para hoy… o mejor, para ayer.

Pero no solo la producción de bienes o servicios se ve damnificada por el sistema parasitario, sino que también lo hacen las relaciones sociales.

Para mantener a una familia, ya no solo basta con que uno de los padres trabaje. Ahora los dos tienen que trabajar. Seamos honestos: en la mayoría de los casos, esto no es una elección, sino una necesidad, porque a las familias no les alcanza con un solo sueldo.

¿Qué ocurre? Que las familias se desestructuran, los niños dejan de ser criados y educados por el amor de sus padres y pasan a muy temprana edad a estar en las manos de profesores desconocidos… y del estado.

En general, las personas tienen tendencia a una preferencia temporal baja. Es decir, dejan de pensar en el largo plazo. Y así, poco a poco, nos volvemos más egoístas, materialistas y superficiales.

5. Dependencia estatal

Ante todos estos problemas, ¿qué ocurre? Que la gente pide más estado para "regular". Existe la creencia infundada de que el estado es el protector frente al sistema financiero, cuando ya hemos visto que en realidad es una pieza clave en el sistema de esclavitud.

La mayoría, víctimas de la manipulación, está profundamente confundida. Cree que el libre mercado es el causante de todos los males. Muchos están convencidos de que vivimos en un sistema capitalista... cuando ya hemos demostrado que los bancos centrales son una invención socialista.

Al partir de una premisa errónea, su razonamiento posterior parece lógico: rechazan el libre mercado y reclaman aún más intervención estatal como solución al problema mal diagnosticado.

Así, acaban defendiendo una expansión del socialismo en mayor o menor grado, lo cual empeora todo aún más, como lo demuestran los resultados históricos de los países socialistas.

Paradójicamente, lo poco que mantiene a flote a esos países, a pesar de estar sometidos a esta esclavitud financiera, es su pequeña cuota de libre mercado.

Y es precisamente por esto que se permite cierto margen de libertad. El parásito necesita que el organismo al que se aferra siga con vida. En un sistema puramente socialista, la economía simplemente colapsa.

Las 5 desastrosas consecuencias del sistema monetario

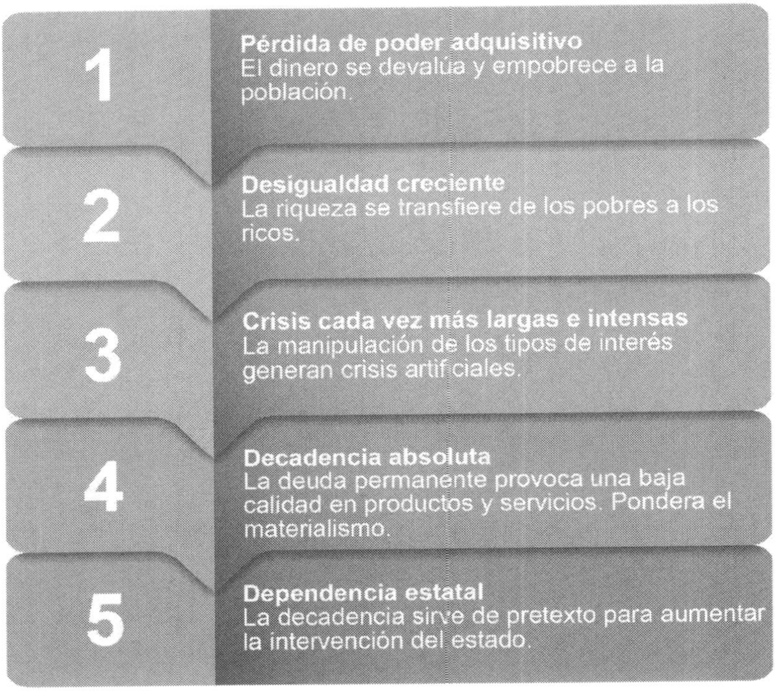

Lo repito una vez más: quienes manejan todo esto son el estado (con su monopolio de la violencia) y los bancos centrales (con su monopolio de creación del dinero). Ambas instituciones tienen una raíz socialista, no capitalista en el sentido del libre mercado.

Y ahora vamos a ir a la raíz profunda del sistema. Hemos hablado del estado y del sistema monetario, que son claves para perpetuar este sistema de esclavitud... pero son simples herramientas al servicio de la élite oscura que gobierna este planeta desde hace milenios. En este último capítulo, vamos a conocer en profundidad a nuestro enemigo.

Capítulo 12

EL ENGAÑO DEL PODER OCULTO

"Para derrotar a tu enemigo, antes debes conocer su lenguaje".

Sun Tzu

Ha llegado el momento de llegar a lo más hondo de la madriguera del conejo. En este capítulo te voy a desvelar los mecanismos del poder oculto: quiénes son, cuál es su filosofía y cómo ejercen su control.

Es como si estuvieras jugando un partido de fútbol y yo te compartiera las tácticas del equipo contrario. Este es el poder que vas a tener cuando entiendas cómo funciona la élite.

Porque cuando conoces a tu enemigo, dejas de temerlo. Y cuando dejas de temerlo, te vuelves incontrolable.

Algunos dirán que este capítulo es de conspiranoicos. Pero te aseguro que lo que voy a explicarte aquí no es una invención, sino el resultado de años estudiando el poder oculto.

Te han hecho creer que las teorías de la conspiración no existen, cuando en nuestro día a día hay conspiraciones.

Conspiración viene del latín *conspirare*, que significa algo así como *respirar juntos.*

Conspirar significa que varias personas se juntan de manera secreta para ejecutar un plan, normalmente en detrimento de otras personas.

Evidentemente, existen conspiraciones en nuestro día a día. En el ámbito familiar, laboral o social hay conspiraciones.

Entonces, ¿por qué estamos tan condicionados para creer que las conspiraciones a nivel mundial no existen?

Pues porque desde pequeños nos han insistido en que eso son cuentos, que son películas, que si crees en algo distinto a la versión oficial eres un *conspiranoico*...

Todo esto te hace alejar de la verdad. Porque nadie quiere parecer un paranoico, un loco... Todos quieren ser normales aunque eso signifique vivir una mentira.

Porque, piénsalo bien: ¿cuántas de las teorías de la conspiración han demostrado ser ciertas en los últimos años?

Evidentemente, no todas las teorías de la conspiración son verdad. Al igual que no todas las versiones oficiales son mentira.

Tienes que ejercitar el discernimiento. Usar el Trivium, como aprendiste en el Capítulo 4.

Pero recuerda que el primer paso del Trivium consiste en escuchar sin juicio. No te pido que te creas nada, pero sí que estés abierto a la información que te voy a compartir.

¿Estás dispuesto a ello?

Si es que sí, sigue leyendo.

¿QUIÉNES SON EL PODER OCULTO?

Verás. El poder oculto se compone de personas que no están en la esfera pública. Todas las instituciones y personas públicas no son más que títeres de los que están en la sombra.

Todos ellos siguen una ideología o religión a la que nos podemos referir como *satanismo.* ¡Pero espera! No creas que el satanismo es lo que crees que es.

A lo que aquí me refiero es al *satanismo ideológico.* Porque te han vendido una idea falsa de lo que es el satanismo desde Hollywood.

Te han puesto imágenes de rituales de sangre, de gente vestida con túnicas negras adorando a una estatua de Baphomet.

Y, aunque no niego que existen rituales, lo que tienes en tu imaginación no es a lo que me estoy refiriendo cuando hablo del satanismo ideológico.

Todas estas ideas de rituales te alejan de los verdaderos fundamentos de esta religión o ideología, haciéndote creer que simplemente son locos que adoran a Satán.

El objetivo es que no averigües cuáles son sus dogmas o principios filosóficos y te quedes con una versión poco creíble.

Los miembros del poder oculto son más bien una especie de antiguos psicólogos con conocimiento muy profundo de la psique humana y de las leyes universales.

EL SATANISMO IDEOLÓGICO

Más que la adoración de una entidad espiritual maléfica, el satanismo ideológico es una antigua religión oculta que incluye a diversas redes de individuos a nivel internacional.

En su núcleo ideológico, postula que el conocimiento de la psique humana y de las leyes universales debe ser atesorado por unos pocos, y ocultado para la gran mayoría.

Generando, de esta manera, un enorme diferencial de poder entre los que sí tienen el conocimiento oculto (la élite o clase gobernante) y los que ignoran dicho conocimiento (los subordinados o clase esclava).

Por tanto, es mucho más preciso definir al poder oculto como…

Antiguos psicólogos que mantienen para sí mismos información escondida, de manera que explotan a aquellos que se mantienen ignorantes de ella.

Estas élites, que normalmente están compuestas por familias muy poderosas, sostienen este conocimiento oculto desde hace milenios, y se lo han ido pasando de generación en generación.

Cómo llegaron a tener este conocimiento, o quién se lo entregó, es un misterio del que no hablaremos en este libro.

Mediante este diferencial de conocimiento crucial, esta minoría de individuos, espiritualmente enfermos, busca gobernar y someter a toda la humanidad de forma permanente y eterna.

QUIEREN CONVERTIRSE EN DIOSES EN LA TIERRA

Y es que, como te digo, la enorme mayoría de miembros de la élite no adoran a una figura externa, sino que ven al satanismo como una filosofía de vida, y a su propio ego, o su Yo Inferior, como el Dios de su religión.

Por tanto, no son ni teístas ni ateos. Son más bien *antiteos*. Es decir, sí que tienen consciencia de que existe un Dios o unas leyes universales, pero ellos quieren rebelarse ante esas leyes y convertirse en Dioses ellos mismos.

LA FUERZA ADVERSARIA DEL UNIVERSO

Es por eso que hablamos de satanismo, porque Satán significa *adversario* en hebreo. Ellos se posicionan como la fuerza opositora del universo, como la tendencia involutiva que actúa en contra de la evolución de la consciencia y del verdadero orden natural.

No quieren "someterse" a los principios morales de la Ley Natural, sino que quieren crear sus propias "leyes" en este mundo y que todos nos sometamos a ellas.

Por eso han creado las leyes humanas y el derecho positivo, como sustitutos de la Ley Natural y el derecho natural.

Quieren crear una prisión en la que ellos sean los reyes. Porque así, su ego habrá alcanzado su máximo objetivo: ser Dios o, mejor dicho, su visión enferma sobre lo que es ser Dios.

Explicando esto, Emilio Carrillo tiene una magnífica reflexión. Él siempre habla de la frase de un místico sufí llamado Al-Hallaj, que dice:

"Dios es Yo, y Yo soy Dios cuando dejo de ser yo"

Es decir, encarnamos a Dios cuando dejamos de lado o sometemos a nuestro Yo Inferior, a nuestro ego.

Pues bien, la élite no quiere eso. No quiere desprenderse de su ego, sino todo lo contrario. No quiere unirse con el verdadero Dios de la creación, sino *sustituirlo*.

Ellos quieren ser Dios sin desprenderse de su ego.

TU TAMBIÉN TIENES A SATÁN DENTRO DE TI

¿No te parece esto mucho más creíble y terrenal? ¿Cuántas personas conoces en tu entorno que buscan manipular, influir negativamente, pisotear a los demás, conseguir sus objetivos a costa de otros ...?

Todos nosotros, en algún momento u otro, hemos actuado así. Porque todos tenemos el ego, o esta fuerza satánica, dentro de nosotros.

No somos diferentes a ellos.

Lo que diferencia a los miembros de la élite es que son personas que han decidido apagar la voz de su consciencia superior para seguir únicamente los dictados de su ego.

Y que, además, tienen el conocimiento necesario para someter y manipular a los demás.

Como ves, esto no es algo de unos locos que idolatran a un demonio con cuernos y cola. Es algo mucho más cercano. Es algo que puedes reconocer en ti mismo.

Y a lo mejor es por este motivo que muchos lo niegan, porque no quieren reconocer su sombra. Sin embargo, tal y como vimos en el Capítulo 3, negar tu sombra es el primer paso para que te domine.

Recuerda que reconocer el mal que hay en ti no te convierte en alguien malo, sino todo lo contrario, porque te permite dominar al ego.

LOS 5 MANDAMIENTOS DEL SATANISMO IDEOLÓGICO

Como te digo, los miembros de la élite comparten una ideología y, aunque tú no creas en ella, esto no significa que no te vaya a afectar.

Debes entender cómo piensan para poder enfrentarte a ellos. Sino, te será completamente imposible plantarles cara.

Estos son los principios que siguen en su ideología satanista:

1. *El egoísmo es el mayor objetivo*

Satisfacer los deseos del ego es más importante que hacer lo que es moralmente correcto. Sólo te tiene que importar tu vida y la de los tuyos. Si tienes que pisotear a otros para lograr tus objetivos, hazlo sin remordimientos.

2. *Relativismo moral*

Ya lo conoces. La idea de que no existen un bien y un mal objetivos, sino que cada uno puede decidir lo que está bien y lo que está mal a partir de sus preferencias y antojos. Que los derechos naturales no existen, sino que es algo que se crea y se decide arbitrariamente.

3. *Darwinismo social*

Consiste en extrapolar la *teoría* de Darwin de la supervivencia del más apto a la sociedad humana. De esta manera, se justifica que los individuos más "fuertes y capaces" tienen que dominar sobre los más "débiles e ignorantes" bajo la premisa de un "orden natural", el cual es falso, ya que el verdadero orden es la moralidad de la Ley Natural y los derechos naturales.

4. *Eugenesia*

La eugenesia es una ideología que consiste en elegir qué genes se reproducen y cuáles no. Es como un pastor que elige qué ovejas quiere que se reproduzcan más porque tienen las característica que él desea, y qué ovejas quiere esterilizar porque quiere extinguir sus características, en base a sus propios objetivos.

Los miembros de la élite creen que ellos, como la raza superior, tienen el derecho de decidir quién procrea y quién se extingue, con el objetivo de potenciar en la raza humana en general las características que más les interesan para lograr su agenda de dominación total.

5. Ocultación del conocimiento

El conocimiento profundo de la psique humana y de las leyes universales debe ser ocultado para generar un diferencial de poder que permita dominar sobre la "clase inferior".

Por eso, todo lo que estás aprendiendo en este libro es tan importante, y te convierte en un verdadero disidente en el sistema de esclavitud que han creado.

Ahora que ya entiendes mejor su mente, ha llegado el momento de que comprendas mejor cómo funcionan y cómo es posible que dominen el mundo a su antojo.

CÓMO LOGRAN DOMINAR EL MUNDO SIENDO POCOS

Mucha gente plantea la misma pregunta: ¿cómo es posible que una élite tan pequeña controle el mundo entero?

A simple vista, parece absurdo. Somos millones, ellos son unos pocos miles... ¿cómo podrían tener tanto poder?

La clave está en dos palabras: jerarquización y compartimentalización.

Este método no es exclusivo de las élites ocultas. De hecho, es el mismo principio de funcionamiento de cualquier estructura vertical: desde una multinacional hasta un ejército.

Y precisamente ahí está la magia: nadie necesita conocer el plan completo para colaborar con él.

La élite que realmente diseña los planes —el círculo más reducido, aquellos que operan desde las sombras— no ejecuta directamente ninguna acción.

Ellos piensan, planifican y dan instrucciones. Esas instrucciones descienden por la pirámide de poder en forma de órdenes fragmentadas.

Cada eslabón de la cadena solo recibe la información estrictamente necesaria para llevar a cabo su función.

Como piezas de un engranaje, los niveles inferiores no entienden el propósito global; solo ejecutan órdenes.

Además, dentro de cada eslabón jerárquico, la información está compartimentalizada.

Es decir, los departamentos trabajan de forma aislada, como compartimentos estancos. A veces incluso compiten entre ellos, sin saber que están participando en un mismo plan mayor.

Esto impide que se genere una visión completa. Nadie ve el puzzle completo. Solo conocen la pieza que tienen en las manos.

Esto hace que incluso personas inteligentes o con buenas intenciones participen sin saberlo en planes destructivos, creyendo que están haciendo lo correcto.

Esto no ocurre solo en estructuras conspirativas: pasa en tu empresa, en tu universidad, en tu gobierno.

¿Crees que el trabajador de una farmacéutica conoce las verdaderas intenciones de la junta directiva? ¿Crees que un periodista conoce todos los intereses ocultos detrás de la línea editorial que le imponen?

Cuanto más grande es una estructura, más marcada está la separación entre conocimiento y acción.

Si aún eres escéptico, te invito a estudiar una de las operaciones más secretas del siglo XX: la Operación Manhattan, el proyecto mediante el cual se desarrollaron las bombas nucleares lanzadas sobre Hiroshima y Nagasaki.

En este proyecto trabajaron más de 130.000 personas, distribuidas en diferentes lugares del país, desde laboratorios hasta fábricas. La mayoría de ellos no tenía idea de en qué estaban participando.

Unos investigaban materiales, otros hacían cálculos, otros diseñaban estructuras... solo un puñado de científicos y altos mandos sabía que todo ese trabajo estaba orientado a crear el arma más destructiva de la historia.

Ni siquiera los propios ingenieros sabían que estaban fabricando una bomba atómica. Algunos se enteraron el día que estalló la primera bomba en Japón.

¿Entiendes el poder de la jerarquización y la compartimentalización?

Este experimento social y militar demostró que puedes ejecutar un plan inmenso, con miles de personas trabajando para ti, sin que nadie sepa cuál es el verdadero objetivo.

LA PIRÁMIDE DE CONTROL

Ahora que comprendemos cómo una élite muy reducida puede manipular a la gran mayoría de la población mundial sin ser detectada, es hora de diseccionar con más detalle la estructura jerárquica a través de la cual operan.

Esta pirámide está compuesta por distintos niveles de influencia, responsabilidad e información. A medida que descendemos, el número de personas involucradas aumenta, pero su conocimiento real sobre el plan maestro disminuye drásticamente.

- *Primer nivel: las familias de linaje*

En la cúspide se encuentra el núcleo más reducido y poderoso: familias de linaje ancestral que llevan milenios acumulando poder.

No se trata de presidentes ni reyes visibles, sino de clanes intergeneracionales que han mantenido el control a través de un conocimiento esotérico que nunca ha sido compartido con el pueblo.

Comprenden profundamente el funcionamiento de la psique humana, conocen las Leyes Naturales que rigen la realidad moral y energética, y guardan la verdadera historia de la humanidad.

No gobiernan a través de leyes o ejércitos, sino desde las ideas. Su poder está en definir el marco mental dentro del cual el resto de la pirámide opera. Son los ingenieros del paradigma. Ellos no ejecutan, diseñan.

- *Segundo nivel: think tanks e inteligencia*

Aquí se encuentran los grandes centros de pensamiento e inteligencia, los cuales reciben las directrices ideológicas del nivel superior y las traducen en estrategias y programas.

Entidades como el Club Bilderberg, el Club de Roma, la Comisión Trilateral, el Foro Económico Mundial y el Instituto Tavistock de Relaciones Humanas operan desde aquí. Su función es moldear la opinión pública a través de campañas, crisis fabricadas y movimientos sociales artificiales.

También entran aquí las grandes agencias de inteligencia —como la CIA, el MI6, el Mossad o la NSA—, que no están al servicio de sus países, sino de una agenda supranacional de ingeniería social. Este nivel articula las acciones globales que luego serán ejecutadas por los estamentos inferiores.

- ***Tercer nivel: instituciones globales administrativas***

En este escalón se encuentran organismos supranacionales como la ONU, la OMS, el Banco Mundial, el Fondo Monetario Internacional, el Banco de Pagos Internacionales, la Reserva Federal, el Banco Central Europeo y la Unión Europea.

Aunque aparentan ser instituciones democráticas o tecnocráticas, en realidad imponen políticas globales sin el consentimiento de los pueblos.

Desde aquí se redactan las agendas económicas, sanitarias, educativas y ecológicas que los gobiernos deben obedecer.

Este nivel unifica el relato global: una única narrativa permitida, una única visión del futuro, una única verdad oficial.

- ***Cuarto nivel: Estados y megacorporaciones***

Aquí aparecen los gobiernos nacionales, los parlamentos y las grandes empresas internacionales. Son el brazo ejecutor que impone sobre la población lo que los niveles anteriores han definido.

Los gobiernos no son soberanos; son gestores de las órdenes globalistas. Todos los partidos políticos aceptan el marco general del sistema.

Mientras tanto, las grandes corporaciones —como las farmacéuticas, los medios de comunicación, la industria alimentaria, las tecnológicas y los bancos— colaboran activamente con el poder.

A cambio de protección legal y beneficios fiscales, ejecutan la agenda. El control se impone mediante leyes, regulaciones, censura, dependencia económica y miedo. Se controla la medicina, la educación, el entretenimiento, el dinero y hasta las emociones de la población.

- ***Quinto nivel: ejecutores inconscientes***

Más abajo, están los individuos que aplican todo lo anterior creyendo que están haciendo lo correcto. Policías, jueces, sanitarios, profesores, periodistas, burócratas y científicos que cumplen órdenes sin saber quién las da ni por qué.

La mayoría no son malintencionados, pero su lealtad al sistema se basa en la ignorancia. Han sido condicionados desde pequeños para creer que obedecer es virtud.

Sus carreras, su estatus social y su identidad dependen de seguir sirviendo a la estructura.

Son los engranajes visibles de la maquinaria, aunque ellos mismos estén atrapados en ella. Muchos se sienten importantes, sin entender que están siendo usados.

- ***Sexto nivel: la masa dormida***

En la base de la pirámide encontramos al grueso de la humanidad. Millones de personas atrapadas en una ilusión.

Personas buenas, pero desinformadas, adoctrinadas desde la infancia, condicionadas emocional y mentalmente por el sistema educativo, los medios de comunicación y las redes sociales.

Viven convencidas de que son libres, cuando en realidad sus pensamientos no les pertenecen. Defienden el sistema que los oprime, se burlan del que lo cuestiona, justifican su esclavitud y se indignan ante cualquier verdad incómoda.

Están tan profundamente identificados con su prisión, que atacan a quien intenta mostrarles la puerta de salida. La mayoría no sabe, y lo que es peor, no quiere saber.

¿PARECE INDESTRUCTIBLE, NO?

Sí, pero recuerda algo importante: la cúspide sólo se sostiene mientras la base colabore. Si dejamos de obedecer, si dejamos de sostener este juego, toda la pirámide se derrumba.

¿Y sabes qué? No tenemos que destruir todo el sistema para ser libres. Sólo tenemos que acabar con la correa de transmisión del mal: el Estado.

Es decir, la élite oculta son como ese titiritero que nos mueve como marionetas. Pero si queremos dejar de ser marionetas, no tenemos que destruir al titiritero, *sólo cortar los hilos que nos mantienen conectados a él.*

Esos hilos son el Estado. Si acabamos con el dogma de la *creencia en la autoridad política*, ninguna agenda satánica se podrá imponer por la fuerza.

Pero claro, ¿qué estamos dispuestos a hacer nosotros para acabar con la tiranía? ¿Estamos dispuestos a cuestionar nuestra propia manera de pensar?

TE HAN DADO SU IDEOLOGÍA

Esto es como las sectas. Para lograr que te mantengas en una secta, los dirigentes de la misma necesitan que creas en lo mismo que ellos a cierto nivel. Si te desvinculas de esos dogmas, entonces ya no pueden controlar tu mente.

Por eso la élite nos ha dado su propia ideología, en mayor o menor nivel. Porque, para ser controlado, debes compartir su ideología, como mínimo, en algún punto.

Carlos Castañeda, en su libro *Las enseñanzas de Don Juan,* comenta que las élites (en su libro se habla de una raza alienígena) nos consiguieron dominar porque *nos dieron su mente.*

Cuando suscribimos las ideas del satanismo, aunque sea a un nivel menos extremo, estamos validando el sistema de control en el que vivimos.

Mi pregunta es: ¿con qué ideas del satanismo ideológico estás comulgando?

Repasa los 5 mandamientos que hemos comentado y analiza si realmente crees en ellos. Hazlo *honestamente*. No pasa nada si te das cuenta de que, sin saberlo, estás encarnando y defendiendo las mismas ideas que la élite que te esclaviza.

No pasa nada siempre y cuando reflexiones y te replantees tu manera de pensar.

¿Vives sólo pensando en la satisfacción de tus deseos más básicos?

¿Crees que no existe una diferencia real entre el bien y el mal?

¿Crees que lo natural es que exista una clase gobernante que domine a una clase gobernada?

¿Manipulas a otras personas para lograr tus objetivos?

El primer paso para salir del control mental es reconocerlo. Mientras no nos deshagamos de la ideología satanista y de la identificación con el ego de dentro de nosotros... seguiremos esclavos.

Si sigues justificando el hecho de pensar como ellos, repasa el Capítulo 3 porque te falta mucha introspección.

Recuerda que por Ley de Correspondencia, como es adentro es afuera:

Que haya una élite egoica que nos domina es el reflejo externo del estado egoico en el que viven la mayoría de seres humanos.

Por eso, en este libro, hemos hablado de todo el trabajo interior antes de hablar de acabar con la esclavitud del mundo. Porque la transformación individual precede a la transformación colectiva.

Y así es como se cierra el círculo de este libro. Recordándote la frase de Jiddu Krishnamurti con la que empezamos:

"La verdadera revolución es la revolución interna, porque solo cuando uno cambia radicalmente en lo interno puede haber una transformación en la sociedad"

Este libro es sólo el comienzo. El sistema está diseñado para aumentar cada día más su control sobre ti, a todos los niveles.

Para protegerte de los ataques del sistema, necesitas completar tu proceso de educación oculta.

¿Quieres saber qué nivel tienes de educación oculta en estos momentos?

Te propongo realizar un pequeño test que te será muy útil para que averigües en qué punto te encuentras. Puedes acceder a él a través del siguiente enlace:

https://esc.anea.me/rc_30

REFLEXIONES FINALES

Oh, Mi yo... Oh, Vida...

(Walt Whitman)

¡Oh, mi yo! ¡Oh, vida! De sus preguntas que vuelven,
Del desfile interminable de los desleales, de las ciudades llenas de necios,
(…)

La pregunta, ¡Oh, mi yo!, la pregunta triste que vuelve – ¿Qué de bueno hay en medio de estas cosas, Oh, mi yo, Oh, vida?

Respuesta:
Que tú estás aquí – que existe la vida y la identidad,
***Que prosigue el poderoso drama, y que tú puedes contribuir con un verso**.*

Llegamos al final de este libro, pero tu camino de soberanía sólo ha hecho que empezar. Este libro no es de aquellos que te lees y dejas en la estantería. Es un libro para revisar, estudiar y reflexionar.

Como todo buen libro, cada vez que lo leas encontrarás respuestas que antes no habías visto porque tu consciencia aún no estaba preparada para verlas.

Y quiero remarcar que es importante que sigas avanzando.

Después de leer este libro, tienes una responsabilidad. Tu nivel de sabiduría y de soberanía personal ya está muy por encima del que tienen el 99,99 % de las personas de tu alrededor.

Es importantísimo que empieces a profundizar en este conocimiento. Que empieces a vivirlo. Y también que empieces a difundirlo.

Necesitamos que la gente reconozca su soberanía, porque el poder establecido está intensificando sus ataques sobre nosotros y solo podremos defendernos si nuestro conocimiento supera a sus ansias de dominio.

Recuerda que, aunque como ser individual logres un gran nivel de soberanía, si como colectivo no elevamos nuestra consciencia, seremos esclavos como sociedad.

Y lo que tienen preparado para nosotros no es nada agradable, te lo aseguro. No quiero meterte miedo pero sí avisarte: vienen tiempos convulsos. Por tanto, el despertar de la humanidad no puede tardar mucho más.

Porque este momento histórico no es uno cualquiera. Aquí no solo está en juego tu propia satisfacción como ser humano, sino que está en juego lo más elevado de la humanidad: el Bien, la Verdad, la Libertad, la Dignidad.

Podemos perder todo aquello por lo que han estado luchando nuestros antepasados. Y todo ello por rechazar el desarrollo de nuestra sabiduría y nuestra soberanía personal.

¿De verdad vamos a permitir que estos malhechores se salgan con la suya?

La humanidad está destinada a la grandeza espiritual. La humanidad está destinada a unirse más allá de credos, razas, países y todo tipo de divisiones artificiales. Estamos destinados a vivir en armonía y libertad.

Obviamente, te dirán que esto es una utopía. Tratarán de desanimarte, de hacerte "entrar en razón". O intentarán hacer de ti un tirano, alguien que cree que el fin justifica los medios.

Como guerrero espiritual, debes persistir sin perder la fe. Aunque veas lejana esa utopía que albergas en tu corazón, debes seguir avanzando.

Como dijo Fernando Pirri:

"La utopía está en el horizonte. Camino dos pasos, ella se aleja dos pasos. Camino diez pasos, y el horizonte se aleja diez pasos más allá. Entonces, ¿para qué sirve la utopía? Para eso, sirve para caminar".

Es decir, la utopía nos sirve para avanzar en la dirección deseada. La función de la utopía es marcarnos un punto de referencia para que, cada vez, nos acerquemos más a ella.

Y, quién sabe, tal vez un día lo que creíamos utópico se convierta en realidad.

Así que, cuando te traten como un ser despreciable, pierdas la fe o tengas la tentación de rechazar tu libertad, levanta la cabeza con dignidad y recuerda estas palabras adaptadas del discurso de Aragorn en *El Señor de los Anillos: El retorno del rey*:

Has venido a este planeta a luchar como hombre o mujer libre.

¡Y hombre y mujer libre eres!

¿Qué harías sin libertad?

Quién sabe. Puede ser que algún día la tiranía venza.

Quién sabe. Puede ser que algún día el espíritu humano sea derrotado.

Pero hoy no es ese día.

Puede ser que algún día el amor sea borrado del corazón de los hombres.

Pero hoy no es ese día.

¡En este día lucharás!

¡Lucharás por defender todo lo que tu corazón ama!

Gracias por haberme acompañado en este viaje.

Ahora ya conoces todo lo que necesitas para ser un humano sabio, libre y poderoso.

Si quieres seguir profundizando en tu camino de soberanía personal para lograr más libertad a nivel individual y contribuir a una mayor libertad colectiva, contáctame a través del siguiente enlace:

https://esc.anea.me/rc_40

CONTENIDO ADICIONAL

A través del siguiente enlace podrás acceder a contenido extra y otros recursos que te ayudarán a seguir despertando, cuestionando y avanzando en tu propio camino.

¡El viaje no termina aquí!

https://esc.anea.me/rc_50

Aquí puedes descargar el Audiolibro,
leído por el autor totalmente gratis

https://esc.anea.me/rc_audiolibro

Puedes encontrar más información sobre la actividad profesional del autor Roger Casanova en:

roger.casanova.trias@gmail.com

@rcasanova.soberania

@rcasanova.soberania

Si te gustó este libro, déjame tu comentario/reseña en Amazon. Para mí tu opinión es muy importante.

Entra en el enlace en función de tu país.

Muchas gracias

Amazon.com / Amazon.es (España) / Amazon.mx (México)

Made in United States
Orlando, FL
04 November 2026

90206060R00201